_____ 님의 소중한 미래를 위해
이 책을 드립니다.

루소의 에밀

교육에 대한 위대한 통찰

루소의 에밀

장 자크 루소 지음 | 강현규 엮음 | 이나래 옮김

메이트북스

메이트북스 우리는 책이 독자를 위한 것임을 잊지 않는다.
우리는 독자의 꿈을 사랑하고,
그 꿈이 실현될 수 있는 도구를 세상에 내놓는다.

루소의 에밀

초판 1쇄 발행 2025년 11월 1일
지은이 장 자크 루소 | **엮은이** 강현규 | **옮긴이** 이나래
펴낸곳 (주)원앤원콘텐츠그룹 | **펴낸이** 강현규·정영훈
등록번호 제301-2006-001호 | **등록일자** 2013년 5월 24일
주소 04607 서울시 중구 다산로 139 랜더스빌딩 5층 | **전화** (02)2234-7117
팩스 (02)2234-1086 | **홈페이지** matebooks.co.kr | **이메일** khg0109@hanmail.net
값 15,000원 | **ISBN** 979-11-6002-967-3 03100

잘못 만들어진 책은 구입하신 서점에서 교환해 드립니다.
이 책을 무단 복사·복제·전재하는 것은 저작권법에 저촉됩니다.

"루소는 인간을 인간답게 만든 교육자의 이름으로 남을 것이다."
- 요한 볼프강 폰 괴테 -

"루소의 『에밀』은 오늘날에도 교육의 성경과 같다."
- 레프 톨스토이 -

> 엮은이의 말

21세기의 언어와 편집 감각으로
『에밀』을 다시 쓰다

교육을 철학으로 끌어올린 최초의 선언

1762년, 루소는 『에밀』을 통해 교육을 철학의 중심 주제로 끌어올렸습니다. 이 책은 단순히 '아이를 어떻게 가르칠 것인가'의 지침이 아니라, '인간을 어떻게 길러낼 것인가'라는 근본적 선언이었습니다. 당시 『에밀』은 기존 사회 질서를 흔드는 위험한 저작으로 간주되어 금서가 되었지만, 그 파장은 곧 근대 교육의 토대를 이루었습니다.

당시 『에밀』이 금서로 지정된 이유는 단순히 종교적·정치적 갈등 때문만이 아니었습니다. 루소는 '아이를 사회의 작은 부속품으로 만드는 교육'을 거부하고, "자연 속에서 자유인으로 길러야 한다"는 주장을 내세웠습니다. 이 발언은 가톨릭교회의 권위와 구체제 사회의 위계질서를 동시에 흔들었고, 그 결과 『에밀』은 출간 직후 곧바로 격렬한 파문과 탄압을 불러왔습니다. 그러나 바로 그 과감한 문제 제기가 근대 교육 철학의 출발점이 되었고, 이후 페스탈로치·프뢰벨·듀이와 같은 위대한 교육사상가들에게까지 이어졌습니다.

오늘날 『에밀』은 여전히 세계 곳곳의 필독·추천도서 목록에 오르는 고전으로 자리매김합니다. 그 이유는 분명합니다. 『에밀』은 단순한 교육 매뉴얼이 아니라, '인간다운 성장'이라는 보편적 물음을 던지기 때문입니다. 경쟁과 성취에 매달리는 오늘의 교육 현실 속에서 루소는 자연과 자유, 그리고 인간다운 성장을 다시 물으라고 촉구합니다. "아이를 어른의 축소판으로 보지 말라"는 그의 메시지는 지금도 도전적이며 동시에 절실합니다. 교육의 목적을 입시와 성적에만 두는 사회에서는 '아이의 성장'보다 '결과의 성취'가 앞서게 되고, 그 과정에서 인간다운 삶을 가르칠 기회는 사라집니다.

루소가 말한 『에밀』의 가치는 바로 이 지점에서 오늘의 부모와 교사에게 묻습니다. 교육은 아이를 사회가 원하는 틀에 맞추어 재단하는 일이 아니라, 아이가 스스로 힘을 발견하고 인간다운 자유를 누리도록 돕는 일이라는 것을.

『에밀』을 새롭게 읽는 방식

이 편역서는 기존 완역서와는 다른 차원의 가치를 지니고 있습니다. 정리하면 이렇습니다.

첫째, 독자가 접근하기 쉽고 메시지가 더욱 선명합니다.

기존의 완역서는 원문의 전체 맥락과 사상 체계를 빠짐없이 담아낸 충실함이 있기에 연구자나 고전을 원문 그대로 접하려는 독자에게 필요합니다. 그러나 그만큼 문장이 장황하고 고전적 수사로 가득해 현대 독자가 읽기엔 진입장벽이 높습니다. 특히 『에밀』 원문은 방대한 분량이 장황하고 끊김 없이 이어져 있어 주제의 흐름을 파악하기가 결코 쉽지 않습니다.

이번 편역에서는 방대한 원문을 주제별로 나누어 각각을 독립된 칼럼 형식으로 재구성했습니다. 각 칼럼마다 메시지형의 제목을 붙이고, 그 아래에 최소 두 개 이상의 소제목을 두어 독자가 곧바로 핵심에 닿을 수 있도록 했습니다. 또한 원전 속 장황한 문장과 오늘날에는 반여성적·반시대적으로 보이는 대목, 그리고 당시와 달리 지금은 의미가 크게 퇴색한 부분(사랑관·결혼관 등)은 과감히 덜어내고, 지금 시대에도 여전히 통찰로 읽히는 내용만을 남겼습니다. 그 결과 독자는 어느 대목을 펼쳐도 곧장 핵심 메시지를 접할 수 있으며, 이는 단순한 축약본이 아니라 현대 독자의 독서 리듬에 맞추어 새롭게 설계된 고전 읽기의 형식이라 할 수 있습니다.

둘째, 독서 경험에서 얻는 가치가 뛰어납니다.

『에밀』 완역서는 통독보다는 연구·발췌·주석 읽기에 어울려, "끝까지 읽겠다"는 독자가 드뭅니다. 그러나 이 편역서는 앞에서부터 차례대로 읽지 않아도 되고, 필요할 때마다 꺼내 읽을 수 있습니다. 즉 실용적인 교육철학 교양서로 기능합니다. 요약본처럼 가볍지 않으면서도 원전 완역서처럼 무겁지 않은 균형을 지녔습니다. 따라서 고전 전체를 감당할 자신이 없던 독자들에게는 루소의 교육 철학에 입문하는 현실적 관문이 될 수 있습니다.

결론적으로 기존 완역서가 '고전의 보존'이라면, 이 편역서는 '고전의 현재화이자 실용화'입니다. 연구용 도구가 아닌 현대의 필수 교양서로서 『에밀』을 새롭게 세운다는 점에서 이 편역서는 충분한 가치가 있다고 자부합니다.

부모와 교육자를 위한 길잡이

이 책은 고전을 단순히 소개하는 책이 아닙니다. 『에밀』을 새롭게 읽어야 하는 이유는, 부모와 교육자가 지금 당장 아이와 마주하는 현실에 적용할 수 있는 원칙을 다시 발견하기 위해서입니다. 아이의 자유를 존중하되 방임하지 않고, 습관을 경계하되 훈련을 게을리 하지 않는 균형 감각이야말로 오늘의 교육 현장에서 가장 절실히 요구되는 지혜입니다.

특히 부모에게 『에밀』은 양육에 대한 새로운 관점을 제공합니다. 아이를 내 뜻대로 바꾸려는 조급함을 내려놓고, 자연스러운 성장을 지켜보는 태도를 배우게 합니다. 동시에 "아이를 방치하지 않고 어떻게 단련시킬 것인가"라는 질문에도 답을 줍니다. 즉 아이의 자유와 부모의 역할이 어떻게 균형을 이루어야 하는지를 보여주는 확실한 나침반이 됩니다.

한편 교사에게는 아이를 대하는 태도와 교육의 목적을 다시 생각하게 하는 힘을 줍니다. "지식의 전달자나 성적의 관리자가 아니라, 아이가 자기 힘을 찾도록 곁에서 돕는 동반자이자 안내자가 되어야 한다"는 루소의 메시지는 오늘날 교사들에게 여전히 낯설지만, 동시에 반드시 필요한 원칙입니다. 루소는 교육의 무게중심을 '가르치는 자'에서 '자라는 자'로 옮겨놓았습니다. 이 발상의 전환은 지금도 우리 교실에 끊임없는 도전과 과제를 던지고 있습니다.

이 책을 통해 루소의 고전이 더 이상 낯설고 어려운 텍스트가 아니라, 지금 우리 곁에서 호흡하는 살아 있는 교양으로 자리 잡기를 바랍니다. 부모는 아이와 마주하는 순간마다, 교사는 교실에서 마주하는 장면마다, 이 책을 통해 새로운 통찰을 얻게 될 것입니다.

고전은 과거에 머무는 텍스트가 아니라 오늘 우리의 고민 속에서 다시 살아나야 의미가 있습니다. 『에밀』의 편역은 그 재생의 문을 여는 통로이며, 이 책은 독자에게 "아이를 어떻게 길러낼 것인가"라는 근원적인 질문을 다시 던져주는 실천적 교양서로 자리매김할 것입니다.

엮은이 강현규

(머리말)

어디서든 적용 가능한
교육의 원칙을 말하다

 이 책은 여러 단상과 관찰을 묶어 정리한 글이다. 체계가 충분하지 않고 맥락도 희미하지만 생각하는 힘을 지닌 현명한 어머니들을 기쁘게 하고자 하는 마음에서 시작되었다. 처음에는 몇 쪽짜리 간단한 메모로 그칠 생각이었다. 그러나 예상보다 깊이 빠져들었고, 분량은 방대해졌으나 여전히 다 담기에는 부족하다.
 사실, 이 글을 출간할지 오랫동안 망설였다. 작업을 하며 소책자 몇 편을 써본 경험만으로는 책 한 권을 완성하기에 역부족임을 여러 번 실감했다. 더 나은 글을 쓰려 노력했지만 한계가 분명했기에, 결국 지금 이 상태 그대로 세상에 내놓기로 결심했다. 대중의 관심을 이 방향으로 돌리는 일이 더 중요하다고 판단했기 때문이다. 내 생각이 다소 미흡하더라도 누군가에게 좋은 생각을 떠올릴 계기가 된다면 그것만으로도 충분한 의미가 있다.

은거 생활 중에 추천자도 지지자도 없이, 세상의 평가나 반응조차 모른 채 이 글을 내놓는다. 그러나 그 안에 틀린 부분이 있다면, 그런 오류가 아무 검토 없이 받아들여지지는 않을 것이기에 걱정은 내려놓았다.

나는 좋은 교육의 중요성에 대해서 길게 말할 생각이 없다. 지금 널리 시행되는 교육의 문제를 굳이 따지고 싶지도 않다. 나보다 앞서 이미 수많은 사람들이 그 일을 해왔고, 모두가 아는 사실로 책 한 권을 채우는 일은 내 성향에도 맞지 않는다. 다만 헤아릴 수 없이 오랜 세월 동안 현재의 교육 관행에 대한 비판은 끊이지 않았으나 정작 더 나은 방안을 제시한 이는 거의 없었다는 점만 짚고 넘어가려 한다.

현대의 문학과 지식은 쌓아 올리기보다는 무너뜨리는 쪽으로 치우쳐 있다. 사람들은 거만한 어조로 비판하지만 무언가를 제안하려면 오히려 겸손한 태도가 필요하다. 물론 고상한 철학자들은 이를 못마땅해 할 것이다. 오직 공익을 위해 쓰였다는 글들이 쏟아져 나오지만 정작 공익을 실현하기 위한 첫 번째 조건, 곧 '인간을 길러내는 교육'은 여전히 외면당하고 있다. 로크가 책을 낸 이후에도 교육은 미개척 분야로 방치되어 있었는데, 내 책이 나온 뒤에도 여전히 그렇다면 몹시 두려운 일이다.

　우리는 어린 시절을 제대로 알지 못한다. 잘못된 인식을 길잡이 삼아 교육하면, 갈수록 더 깊이 헤맬 수밖에 없다. 가장 현명하다는 이들조차 아이들이 무엇을 배울 수 있는지 고려하지 않은 채, 어른의 기준에서 중요하다고 여겨지는 지식에만 집착한다. 사람들은 아이 안에서 어른의 모습을 찾으려 할 뿐, 아이가 어른이 되기 전 어떤 존재인지에는 눈길을 주지 않는다. 그래서 나는 이 부분에 가장 심혈을 기울였다. 설령 내 방법론이 잘못되었더라도, 내가 관찰한 내용만큼은 누군가에게 분명 도움이 되기를 바랐다.

　물론, 어떻게 가르쳐야 하는지 그 방법에 대해서는 틀릴 수 있다. 하지만 누구를 교육해야 하는지, 그 대상만큼은 틀리지 않았다고 확신한다. 그러니 무엇보다 먼저 여러분의 제자를 더 깊이 이해하려는 노력이 필요하다. 단언컨대, 여러분은 그들을 아직 제대로 알지 못한다. 그러나 이러한 관점에서 이 책을 읽는다면 결코 헛된 시간 낭비는 아닐 것이다.

　소위 말하는 체계적인 부분은 이 글에서 단지 자연의 이치에 따르는 과정일 뿐이다. 그러나 바로 이 대목이 독자들을 가장 혼란스럽게 할 수도 있다. 이로 인해 많은 비판이 쏟아지겠지만, 솔직히 말해 모두 근거 없는 비난이라 하기도 어렵다. 이 글은 교육이론서라기보다는 교육을 바라보는 몽상가의 사유처럼 느껴질 수도 있다. 어쩌겠는가, 남의 사상을 옮겨 적은 것이 아니라 내 생각을 토대로 썼을 뿐이다.

나는 남들과는 다른 시선으로 세상을 본다. 그래서 오래전부터 유별나다는 비난을 받아왔다. 그러나 내가 마음먹는다고 세상을 보는 눈이 달라지겠는가? 내 생각이 남들처럼 바뀌겠는가? 아니다! 다만 내 생각이 무조건 옳다는 오류에 빠지지 않고, 스스로 세상 누구보다 현명하다고 착각하지 않으려 노력할 수는 있다. 생각을 바꿀 수는 없어도, 객관성을 지키기 위해 긴장을 늦추지 않는다. 이것이 내가 할 수 있는 전부이며, 실제로 그렇게 살아왔다.

내가 때로 단정적인 어조를 사용한다고 해도, 결코 독자에게 억지로 강요하려는 의도는 없다. 실제로 그렇게 믿기에 그대로 적었을 뿐이다. 내가 확신하는 내용을 두고, 왜 일부러 의문이 남아 있는 듯 제안해야 한단 말인가! 나는 내 머릿속에 떠오르는 생각을 있는 그대로 전할 뿐이다.

나는 내 생각을 자유롭게 드러내지만, 단 한 번도 권위를 내세워 강요한 적은 없다. 그래서 언제나 독자가 옳고 그름을 따져보고 나를 판단할 수 있도록 내 주장에 근거를 함께 제시해왔다. 물론 내 생각을 끝까지 밀어붙이고 싶지는 않다. 그러나 그렇다고 침묵할 수도 없다. 내가 남들과 다르게 지켜야 한다고 믿는 원칙들은 결코 사소하지 않기 때문이다. 이 원칙들이 인류의 행복과 불행을 좌우하는 만큼, 진실인지 거짓인지는 반드시 밝혀야 한다.

나는 "실현 가능한 방법만 제안하라"는 말을 수도 없이 들어왔다. 그러나 이 말은 결국 "지금 하고 있는 일을 그대로 반복하라"는 뜻에 지나지 않는다. 어떤 사안에서는 이런 제안들이 오히려 내 주장보다 훨씬 비현실적이다. 선과 악이 뒤섞이면 선은 타락할 뿐, 악은 감화되지 않는다. 나는 타협으로 얻은 반쪽짜리 선을 따르느니, 차라리 기존 관행을 따르겠다. 그 편이 인간이 받아들이기에는 혼란이 덜할 것이다. 인간은 상반되는 두 목적을 동시에 추구할 수 없다. 부모들에게 한마디 하자면, 실현 가능하다는 말은 곧 실행하려는 결심을 뜻한다. 그러나 내가 그 마음을 억지로 떠밀 수는 없는 법이다. 결국 부모들의 선택에 달린 일이다.

어떤 계획이든 두 가지 기준을 따져야 한다. 첫째, 그 계획이 선한 의도로 세워졌는가. 둘째, 실제로 실행이 용이한가.

첫 번째 기준에 관해서는, 계획의 선한 의도가 자연의 본질에 부합한다면 그 자체로 충분히 타당하며 실행 가능하다. 예컨대 제안된 교육 방식은 인간에게 적합해야 하고, 마음에 거부감을 일으키지 않으며 자연스럽게 스며들어야 한다.

두 번째 기준은 특정한 상황과 환경에 따라 달라진다. 이러한 조건들은 본질과 무관하게 우연에 기반하므로 필연적이지 않으며, 상황에 따라 달라질 수 있다. 예를 들어, 어떤 교육은 스위스에서는 실행 가능하지만 프랑스에서는 불가능할 수 있다. 또한 중산층 가정에 알맞은 방식이라고 해서 귀족 사회에서도 그대로 통용된다는 보장은 없다. 상황이 제각각이므로 실행이 쉬울 수도 있고, 어려울 수도 있다. 따라서 실제로 특정 국가나 특정 조건에 적용해보지 않고는 함부로 단정할 수 없다.

그러나 이러한 구체적 적용 사례들은 내 주제에서 중요한 사안이 아니므로 이 책에는 포함하지 않았다. 관심 있는 이라면 각자 자신이 속한 국가의 제도와 현실을 관찰하기 바란다. 나로서는 태어난 곳이 어디든 내가 제안하는 방식으로 교육받고 성장한 사람이 자신에게도, 타인에게도 가장 좋은 존재가 된다면 그것으로 족하다.

나는 지금까지 어디서든 보편적으로 적용 가능한 교육의 원칙을 제시하겠다고 약속했다. 만약 이 책이 그 기준을 충족하지 못했다면 그것은 내 잘못이다. 그러나 이 약속이 지켜졌다면, 그 이상을 요구하는 것은 부당하다. 이후부터는 내 책임이 아니라 각자의 몫이다.

(프롤로그)

가상의 제자 에밀과 함께
현실의 교육을 시험한다

언젠가 신분만 알 뿐 아무 친분도 없는 사람이 내게 자기 아들의 교육을 맡아달라고 요청한 적이 있었다. 나로서는 큰 영예였지만, 결국 정중히 거절했다. 그렇다고 해서 그가 못마땅해 할 이유는 없다. 오히려 내 신중함을 높이 평가했어야 한다. 만약 제안을 받아들였다가 방법론에 오류가 있었다면 교육은 실패했을 것이다. 설령 성공했다 하더라도 상황은 더 난처해졌을지 모른다. 제대로 가르침을 받았다면 그 아들은 자신의 작위를 거부하고 더 이상 귀족으로 살고 싶어 하지 않았을 테니 말이다.

나는 가정교사에게 부여된 책임의 무게를 잘 알고 있고, 내 한계를 뼈저리게 느끼고 있기에 누구로부터 이런 제안을 받더라도 결코 받아들일 수 없다. 심지어 친구의 부탁이라 해도 내게는 거절할 명분이 될 뿐이다.

이 책을 다 읽고 나면 내게 가정교사가 되어 달라는 제안을 하는 사람은 거의 없을 것이다. 그럼에도 혹여 단념하지 못한 이가 있다면, 더는 헛수고하지 않기를 바란다. 나는 이 일을 충분히 경험해본 덕분에 그것이 내게 맞지 않는다는 확신을 얻었다. 설령 감당할 능력이 있다고 해도 지금 내가 처한 상황에서는 맡을 수 없다. 그러나 내 결심이 진지하고 정당한 이유에서 비롯되었다는 사실을 믿지 않는 이들이 있는 듯해, 이렇게 공개적으로 내 의사를 밝히기로 했다.

교육이라는 과업은 그 무엇보다 가치 있지만 지금 당장은 직접 수행할 수 없다. 그래서 적어도 가장 쉬운 방법이라도 시도해보려 한다. 즉 다른 많은 이들처럼 나 또한 직접 실천에 나서기보다 펜을 들기로 했다. 해야 할 일을 행동으로 옮길 수 없으니 글로라도 전하려 한다.

이런 작업에서 흔히 저자는 실행에 옮기지 않아도 되는 교육 이론에 안주하며, 겉보기에만 훌륭한 규범들을 손쉽게 나열한다. 그러나 실행 가능하다고 여겨지는 이론조차 세부 사항과 구체적 사례, 적용 방법이 없다면 아무 쓸모가 없다.

그래서 나는 가상의 제자를 설정하기로 했다. '에밀'이라는 이 아이는 교육받기에 적합한 나이, 건강, 지식, 필요한 모든 자질을 갖춘 존재로 가정했다. 그리고 아이가 태어난 순간부터 시작해 완성된 인간이 되어 더 이상 타인의 지도를 필요로 하지 않을 때까지 그의 교육을 책임지겠다고 결심했다. 이는 스스로를 믿지 못하는 저자가 허황된 공상에 빠지지 않도록 중심을 잡아주는 방식이라고 생각한다.

한 번 기존 교육 관행에서 벗어나면, 저자는 자신의 방식을 제자에게 시험해보기만 하면 된다. 그렇게 하면 아이의 성장 과정과 인간 본성의 자연스러운 흐름을 따라가고 있다는 전제 아래, 곧 저자 스스로도 자신의 방식이 타당한지 깨닫게 될 것이다. 혹은 이 모든 과정을 지켜보는 독자가 대신 알아차릴 수도 있다.

지금까지 마주한 모든 어려움 앞에서 나는 언제나 이 원칙을 지키려 애썼다. 불필요하게 책의 분량을 늘리지 않기 위해, 누구나 자명하게 받아들일 수 있는 원칙은 간결하게 제시하는 데 그쳤다. 그러나 증명이 필요한 규칙들은 모두 에밀 또는 다른 사례에 적용해보았다. 그리고 내가 세운 원칙들이 실제로 어떻게 실행될 수 있는지 상세히 설명하려 노력했다. 적어도 내가 세운 계획은 그러했다. 이 계획이 성공했는지는 오직 독자만이 판단할 일이다.

이러한 방식으로 책을 구성했기에 처음에는 에밀에 대해 거의 언급하지 않았다. 내가 제시한 초기 교육 원칙들은 기존에 확립된 원칙과 정반대였지만, 이성적인 사람이라면 누구나 쉽게 수긍할 수 있을 만큼 자명했기 때문이다. 그러나 글을 써 내려갈수록 내 제자는 독자들의 아이들과는 전혀 다른 방식으로 교육을 받게 되었고, 더 이상 평범한 아이라고 하기엔 어려워졌다. 즉 에밀에게는 오직 그만을 위한 특별한 교육법이 필요해졌다. 그 시점부터 에밀은 책 속에서 자주 모습을 드러내며, 후반부에 이르면 더 이상 내 도움이 필요하지 않을 때까지 나는 단 한순간도 그를 시야에서 놓치지 않을 작정이다.

에밀은 고아다. 그의 친부모가 누구인지는 중요하지 않다. 그들의 의무를 대신 짊어진 순간, 나는 그들의 모든 권리도 함께 넘겨받았다. 에밀은 부모를 존경해야 하지만 복종은 오직 내게만 하면 된다. 이것이 내가 내세우는 첫 번째, 아니 어쩌면 유일한 조건이다.

그러나 정정하겠다. 여기에 조건을 하나 더 덧붙여야 한다. 앞의 조건에서 자연스럽게 이어지는 내용이다. 우리 둘 중 누구도 서로의 동의 없이 상대와 멀어져서는 안 된다. 이 조건은 매우 중요하다. 나는 제자와 스승이 서로를 결코 떨어질 수 없는 존재로 여기고, 언제나 함께 운명을 공유하는 사이라고 느끼길 바란다.

(차례)

엮은이의 말_ 21세기의 언어와 편집 감각으로 『에밀』을 다시 쓰다   6
머리말_ 어디서든 적용 가능한 교육의 원칙을 말하다   12
프롤로그_ 가상의 제자 에밀과 함께 현실의 교육을 시험한다   18

1장 자연에서 시작하는 여섯 가지 첫걸음_ 유아기

❖ 자연에 뿌리내리고, 주변과 조화를 이루라   33

'자연, 타인, 환경'의 조화로 교육은 한 목표를 향한다 33   자연은 습관이 되어 본성으로 아이를 기른다 39

❖ 부모가 먼저 깨어나야 아이를 살린다   42

지키는 데서 멈추지 말고 살도록 이끌어야 한다 42   어머니가 먼저 깨어나면 가정과 사회도 다시 깨어난다 44   어머니의 사랑은 부족해도, 넘쳐도 아이를 해친다 46   어머니는 품어 기르고, 아버지는 이끌어 세운다 48

❖ 점진적인 단련으로 아이를 강하게 키워라   52

억누르지 말고, 점진적으로 강하게 키워라 52   아이에게 가르칠 유일한 습관은, 습관에 길들지 않는 자유 54   천천히 단련시키며 두려움을 넘어서게 하자 57

❖ 몸과 감각으로 스스로 겪으며 배우게 한다 59
몸으로 직접 겪게 하고, 스스로 배우게 해야 한다 59 눈과 손으로 감각을 익히고, 사물과 함께 언어를 배운다 61

❖ 도움은 주되, 욕망과 변덕에는 단호하라 63
아이가 울 때, 도와주되 휘둘리지는 말라 63 아이의 손길이 거칠어도 악의가 아닌 삶의 생명력이다 66 아이의 변덕이나 이유 없는 욕망에는 응하지 말라 68

❖ 아이가 말을 배울 때 서두르지 말고 기다리자 72
아이가 처음 듣는 말은 분명하고 구체적이어야 한다 72 아이 말의 자잘한 오류들을 모두 고치려 하지 마라 73 조급히 말문을 재촉하면 아이의 언어는 더 어눌해진다 75

2장 자연 속에서 자라는 열한 걸음_ 유년기

❖ 울음에서 말로, 고통에서 용기로 81
울음에 반응하지 말고, 말할 때 다가가라 81 작은 통증으로 용기를 기르게 하라 82 과보호하지 말고, 자유 속에서 강하게 키워라 84

❖ 억누르는 권위 대신 자연의 법칙으로 가르쳐라 86
아이를 권위가 아니라 자연에 맡겨야 한다 86 자유를 주되 욕망은 절제시켜야 한다 87 작은 고통이 큰 행복을 준비한다 89 이성과 도덕을 서두르면 안 된다 94 교육은 자연의 법칙으로 이루어져야 한다 100

❖ 자연의 선한 충동을 지켜주는 환경 104
아이의 본성은 선하므로 환경이 스승이 되어야 한다 104 가르치기보다 지켜주며 기다려야 한다 106 교육자의 인격과 진심이 최고의 환경이 된다 111

❖ 설교보다 설계! 교육은 경험의 구조다 · 113

훈계보다 체험으로 배우게 하라 113 격정의 순간, 경험을 통한 배움 114 아이의 생각을 지켜주는 교육자의 길 116

❖ 명령과 약속, 거짓말을 교육에서 치워라 · 117

물건을 파괴해도, 화내지 말고 경험하게 하라 117 약속은 협상과 자율 속에서 배운다 118 약속과 함께 태어나는 거짓말 119 강요된 약속은 거짓말을 낳는다 121

❖ 미덕은 보이는 것! 관대함은 모범으로 · 125

계산된 관대함은 진짜 미덕이 아니다 125 강요하지 말고 모범을 보여라 126 모방의 한계와 진정한 도덕 128

❖ 조기 훈육의 환상에서 아이를 지켜라 · 132

오늘의 고통이 내일의 행복을 보장하지 않는다 132 신동이라 불려도 아직은 아이일 뿐이다 133 유년기는 준비가 아니라 완전한 삶이다 135 기호와 말에 갇힌 헛된 교육 144

❖ 독서와 언어는 늦게, 현실과 사물이 먼저 · 147

단어 암기, 지식이 아니다 147 유연한 뇌에는 현실과 사물이 먼저 148 독서는 늦게, 배움은 욕망으로 150 소극적 교육은 방임이 아니다 153 현실에 뿌리내린 지성, 몸의 힘이 토대다 154

❖ 몸이 먼저이고, 지성은 뒤따르는 것이다 · 157

몸이 강할수록 아이의 이성도 강해진다 157 수면은 운동과 짝을 이룬다 159 잠과 깨움도 교육이다 162

❖ 감각의 학교! 만지고, 재고, 그리며 배운다 · 165

아이의 첫 스승은 발, 손, 눈 165 주입 대신, 감각과 판단을 훈련시켜라 167 빛 없이 어둠 속에서 배우는 촉각 훈련 171 도구를 벗어나, 감으로 재고 가늠하게 하라 174 실물로 그려야 보는 눈이 열린다 175

❖ 아이의 음악교육은 감정보다 '구조'여야 한다   179
아이의 목소리는 아직 감정을 담지 못한다 179   꾸밈없이, 정확한 목소리를 길러라 180   음악은 감정보다 구조다 182

❖ 입맛은 교육의 첫 문! 식탐을 허영심보다 믿어라   184
입맛은 교육의 첫 문이다 184   식탐은 허영심보다 훨씬 바람직한 교육적 동기다 185

❖ 유년기의 행복은 현재를 누리는 힘이다   187
현재를 사는 아이 vs. 미래를 강요받는 아이 187   아이의 언어는 꾸밈 없는 진실이다 190   자연의 필연성에 순응하는 법을 배워야 한다 191

❖ 자연이 주는 자유 속에서 아이의 분별력이 자란다   194
자유로운 행동, 그러나 경솔함은 없다 194   놀이와 활동이 곧 삶이 되는 순간 196   분별력으로 또래의 중심에 선다 196

3장 몸과 마음이 힘을 키워가다_ 소년기(12~15세)

❖ 욕망보다 앞선 힘을 지금 배움으로 돌려라   203
욕망을 앞지르는 힘이 싹틀 때 203   남는 힘을 배움으로 바꾸는 법 204

❖ 무엇을 가르칠지 '유익'이라는 기준으로 고르자   206
가르칠 것과 미룰 것의 기준 206   권위보다 경험, 그리고 도덕 207

❖ 호기심에 불붙이고, 감각으로 배우게 하라   210
호기심의 동력: 본능과 허영을 가르려면 210   감각에서 사유로: 경험이 먼저다 211   스스로 발견하게 하는 질문법 212   하늘 수업: 실물 관찰로 여는 천문

214 도구는 보조일 뿐: 기호의 함정 215 지리를 배우는 법: '지금 여기'에서 지도까지 215

❖ 지금은 아이에게 학문을 가르칠 때가 아니다 217
소년기엔 '학문'보다 '방법'이다 217 시간은 짧고, 과제는 많다 218 집중은 강요하지 말고, 즐거움으로 유도하라 219

❖ 손으로 깊게 배우고, 원리를 스스로 깨닫는다 221
감각으로 시작하는 자연의 법칙 221 경험을 잇는 관찰과 실험 223 손과 도구로 여는 첫 과학 224

❖ '유익'부터 묻게 하고, '왜'인지를 따지게 하라 227
'유익'이라는 기준으로 시간 쓰기 227 '유익'의 의미를 몸으로 가르치기 229 되묻기의 힘과 신뢰 231 질문은 정말 필요할 때만 신중하게 던지자 232

❖ 주입을 멈추고, 판단력을 키워주자 234
경험 없는 설득은 헛수고다 234 다른 아이와의 비교 말고, 자기 경쟁 235 사물 먼저, 사회는 나중에 236 오류를 피하는 판단 훈련 238

❖ 살아가는 기술, 살아남는 법부터 가르치자 243
교환과 분업이야말로 함께 사는 힘 243 삶을 지키는 법부터 가르치자 245 재능인가, 욕망인가? 관찰이 답이다 246

❖ 알고 있는 지식만큼은 완전히 자기 것이 되도록 하자 249
내 것이 되는 앎: 양보다 내실 249 경험에서 출발하는 학습 250 관계로 판단하고, 흔들리지 않는다 251 오직 자기 자신으로 존재한다 252

4장 이성과 격정의 시기_ 청소년에서 청년으로(15~20세)

❖ 사춘기의 몸과 마음은 두 번째 탄생의 신호가 된다 257
두 번째 탄생인 '사춘기'는 몸에서 시작된다 257   눈빛이 달라지고, 태도가 독립을 배운다 258   마음의 흔들림은 성숙을 준비한다 259

❖ 교육은 훈육에서 벗어나 동행의 길로 들어선다 262
훈육은 물러서고, 동행이 시작된다 262   권위는 강제가 아니라 모범에서 나온다 263   성장을 서두르지 말고 계절을 따르자 264

❖ 상상력과 이성은 균형 있게 길러야 한다 266
상상력은 두려움도 키우고 열정도 키운다 266   이성을 감각 경험 위에 세워야 한다 267   상상과 이성은 충돌하지 말고 협력한다 269

❖ 감정을 다루는 법을 배워야 할 때다 270
아이의 감정을 적으로 대하지 마라 270   사랑은 시험대이자 정화의 훈련이 된다 271   연민은 넓히고, 자존심은 경계한다 272   감정 위에 도덕이 세워진다 274

❖ 정의와 자유는 사회 속에서 배운다 275
정의는 놀이와 교류 속에서 배운다 275   자유는 규칙과 함께 자란다 276   사회적 관계 속에서 배우는 정의 278

❖ 신앙과 양심은 내면의 목소리로 자라난다 280
신앙은 강요보다 자유에서 싹튼다 280   양심의 자율성과 교육자의 역할 281   도덕 위에서 자라나야 살아 있는 신앙이다 282

❖ 사랑과 우정은 성숙의 학교가 된다 284
우정은 도덕 감정의 첫 번째 학교다 284   사랑은 가장 강렬한 시험대다 285

5장 지혜와 결혼의 시기_ 청년기의 완성(20~25세)

✧ 청춘의 끝자락에서 사랑은 찬란하게 온다   291
청춘의 절정은 지금 여기에서 291   첫사랑이 열어주는 달콤한 세계 292   기다림이 주는 행복의 진짜 맛 294

✧ 청년이 흔들릴 때 교육은 끝까지 붙잡아준다   295
이상을 잃을 때 청년은 흔들린다 295   교육의 힘은 습관을 이어주는 데 있다 296

✧ 행복은 가까이에 있지만 청년은 자주 길을 잃는다   298
행복을 찾아 헤매다 오히려 행복에서 멀어지다 298   자연이 보여주는 길 위에서 행복을 만나다 300   욕망을 배우며 욕망의 노예가 된 인간 301

✧ 결혼과 가정은 사회로 나아가는 첫걸음이다   302
결혼은 자유를 성숙으로 이끈다 302   가정은 가장 작은 사회다 303   결혼과 가정은 사회로 나아가는 관문이다 304

✧ 조국과 함께할 때 청년은 완성되어간다   305
조국은 청년이 덕을 실천할 무대가 된다 305   조국과 함께 살아가는 삶의 의무 306

에필로그_ 에밀식 교육의 결실은, 덕 있는 자유인의 탄생이다   308

Rousseau

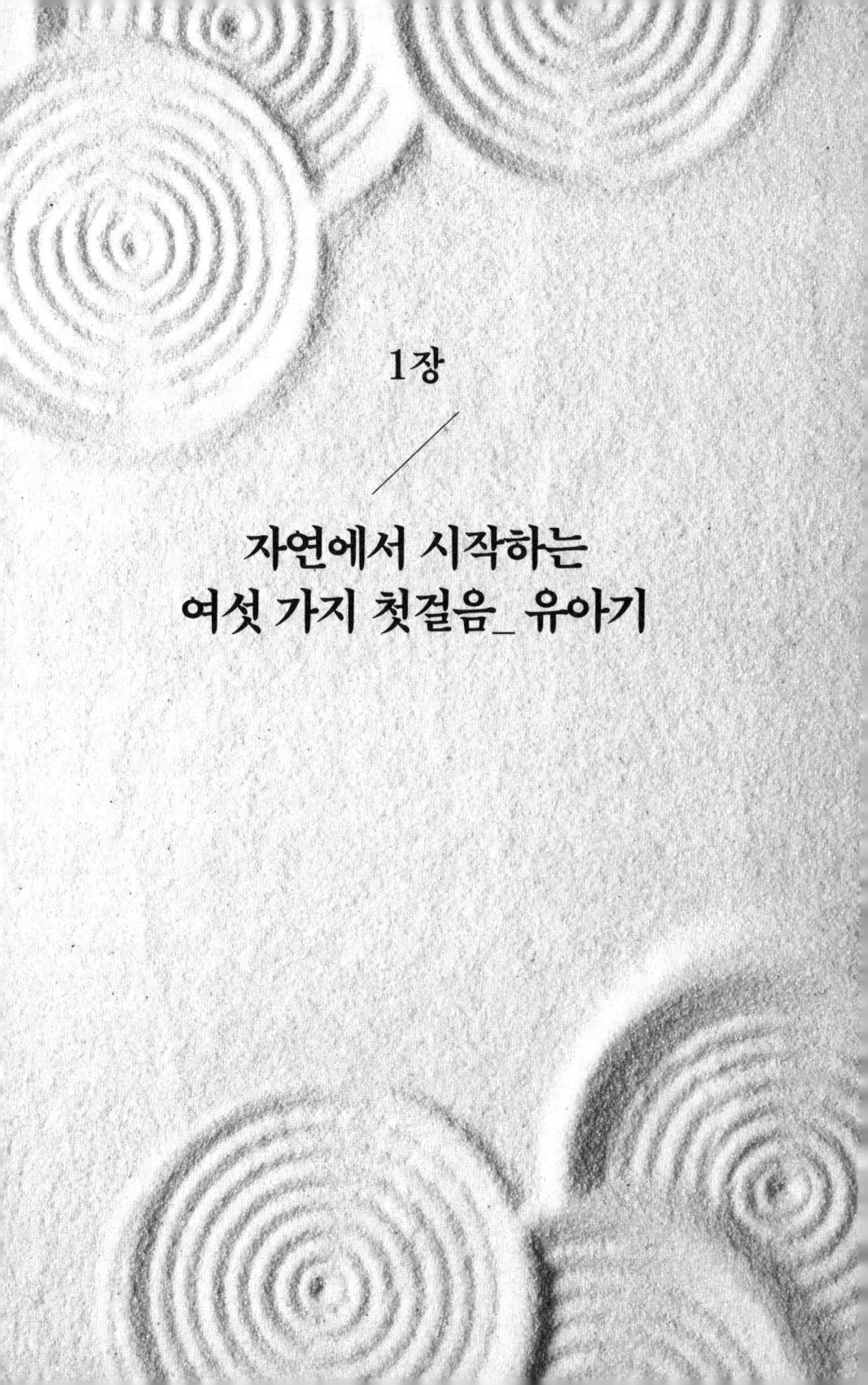

1장

자연에서 시작하는 여섯 가지 첫걸음_ 유아기

루소는 1부에서 아이가 세상에 태어나 처음 맞닥뜨리는 '환경, 습관, 감각'을 어떻게 다루어야 하는지를 설명한다. 환경은 아이의 삶을 감싸는 첫 울타리이고, 습관은 그 안에서 반복되는 작은 선택의 축적이고, 감각은 세상을 인식하는 창이자 배움의 문이다. 사소한 습관 하나가 자유를 억압하기도 하고, 작은 배려 하나가 평생의 힘을 길러주기도 한다. 이러한 맥락 속에서 아이의 교육은 출발한다.

아이는 태어나자마자 이미 교육의 길 위에 선다. 그러나 이 시기의 교육은 지식을 주입하는 일이 아니다. '첫 경험, 첫 감각, 첫 움직임'이 바로 배움의 시작이 된다. 유아기의 과업은 단순하다. 아이가 자연스럽게 자라도록 지켜보고, 불필요하게 억누르지 않으며, 점진적인 훈련으로 몸과 마음이 단단해지도록 돕는 것이다. 교육자는 무엇을 가르칠까보다 무엇을 방해하지 말아야 할까를 먼저 물어야 한다. 이제 '자연 속 아이'를 바라보는 교육자의 시선으로 들어가보자.

자연에 뿌리내리고,
주변과 조화를 이루라

✤ '자연, 타인, 환경'의 조화로 교육은 한 목표를 향한다

만물은 조물주의 손에서 온전한 모습 그대로 태어났으나 인간의 손에 떨어지면 본모습을 잃고 변질되고야 만다. 인간은 이쪽 땅에서 나는 산물을 억지로 저쪽 땅으로 옮겨 심고, 이 나무에서 열리는 열매를 굳이 저 나무에서도 맺히게 하려고 오기를 부린다. 기후, 자연, 계절을 뒤섞어 경계가 허물어진다.

그뿐만 아니라 자신이 소유한 개와 말, 심지어 노예까지 불구로 만든다. 모든 것을 뒤집어엎고 엉망으로 만들며 기괴하고 정상에서 벗어난 기형적인 것을 좋아한다. 자연이 만들어낸 것이라면 무엇이든, 심지어 인간조차도 있는 그대로 받아들이지 않는다. 인간을 마치 말처럼 훈련시키고 정원에 심은 나무를 손질하듯 자신의 입맛에 맞게 다듬어야 한다고 생각한다.

하지만 이렇게 하지 않으면 상황은 더욱 나빠질지도 모른다. 인간은 스스로가 미완성이라는 사실을 견디지 못한다. 지금과 같은 환경에서는 오히려 태어나자마자 아무런 도움도 없이 방치되어 타인들 사이에 홀로 던져진 인간이 그 무엇보다도 가장 뒤틀린 존재일 수밖에 없다. 편견, 권위, 필요, 본보기, 그리고 우리를 집어삼키고 있는 모든 사회 제도들은 인간 안에서 자연적 본성을 억누를 뿐 그 자리에 다른 무엇도 남기려 하지 않는다. 인간 내면의 본성은 마치 우연히 길 한가운데에서 자라난 어린나무와 같다. 그 길을 지나다니는 행인들과 이리저리 부딪쳐 꺾이다 보면 결국 얼마 지나지 않아 죽게 될 운명이다.

하지만 자애롭고 사려 깊은 어머니인 당신이라면 남들이 가는 길을 따르지 않고, 이제 막 자라나는 어린나무가 세상의 온갖 고정관념에 휩쓸리지 않도록 끝까지 지켜낼 수 있다. 이 연약한 식물이 생명을 다하기 전에 돌보고 충분한 영양분을 줘야 한다. 그러면 언젠가 감미로운 과실을 수확하게 될 것이다. 아이의 영혼을 보호하려면 일찌감치 주변에 울타리를 쳐야 한다. 세상이 그어놓은 경계선이 있더라도 어디에 벽을 세울지 결정하는 것은 오직 당신의 몫이다.

식물은 재배로 기르고, 인간은 교육으로 키운다. 인간이 아무리 크고 강하게 태어났더라도 체격과 힘을 활용하는 방법을 배울 때까지는 아무 소용도 없다. 아이의 외형은 어른과 비슷하지만 말을 할 줄 모르고 말로 옮길 생각 자체가 없기 때문에 아이는 자신이 도움을 필요로 한다는 사실을 어른에게 알릴 수 없다.

다시 말해 이 시기의 아이에게는 자신의 욕구를 표현할 수단이 전혀 없다. 건장한 체격과 강력한 힘 때문에 타인으로부터 도움을 받기 어려워질 테니 오히려 손해라고도 할 수 있다. 홀로 버려진 채 자신이 무엇을 필요로 하는지 깨닫기도 전에 비참하게 죽을 가능성이 높다. 흔히 유아기 때 인간은 너무나 무력하다고 한탄하지만, 인간이 어린 시절을 거쳐 성장하는 존재가 아니었다면 인류는 이미 멸망했을지도 모른다.

우리는 약하게 태어난 까닭에 힘이 필요하다. 빈손으로 세상에 던져졌으므로 도움을 받아야 살아남을 수 있다. 무지에서 벗어나기 위해서는 판단할 수 있는 힘을 갖춰야 한다. 가진 것 없이 태어났지만 어른이 되는 데 필요한 모든 것은 교육을 통해 얻을 수 있다.

인간은 자연, 타인 그리고 환경으로부터 배운다. 자연을 통해 지적 능력과 신체 능력을 키우고 타인을 관찰해 성장한 능력을 활용하는 방법을 깨치며 환경과 상호작용을 하면서 자신만의 경험을 쌓는다.

따라서 우리는 모두 세 가지 유형의 교사로부터 교육을 받는 셈이다. 하지만 내용이 서로 상충한다면 실패한 교육일 뿐이다. 그러면 가르침을 받더라도 결코 진정한 자신을 찾을 수 없다. 반면 성공적인 교육은 동일한 핵심 내용을 공유하고, 하나의 목표를 추구한다. 즉 인간이 배움을 바탕으로 스스로 정한 목적지를 향해 나아가며 일관성 있는 삶을 살 수 있도록 돕는다.

그런데 세 가지 유형 중 '자연에 의한 교육'에는 조금도 개입할 수 없다. '환경을 통한 교육'도 부분적으로만 손댈 수 있을 뿐이다. 오직 '타인으로부터 받는 교육'만 좌지우지할 수 있다. 하지만 이 또한 어디까지나 가정일 뿐이다. 애초에 아이를 둘러싼 모든 사람의 말과 행동을 완벽하게 통제하는 게 가능하겠는가?

따라서 교육을 기술이라고 여기면 그 순간부터 교육이 본래의 목적을 달성할 가능성은 거의 사라져버린다. 교육이 성공하려면 여러 요소가 뒷받침되어야 하지만 필요한 조건을 모두 갖추는 것은 인간 능력 밖의 일이다. 결국 아무리 노력해봐야 조금 더 앞으로 나아갈 수 있을 뿐, 실제로 목표에 도달하기 위해선 운이 따라야 한다.

그렇다면 이 목표는 무엇일까? 바로 '자연의 목표'다. 앞에서 이미 언급했듯 자연 앞에서 인간은 무력할 수밖에 없다. 하지만 세 가지 유형의 교육이 완벽해지려면 서로 조화를 이루어야 하기 때문에 우리가 손댈 수 없는 자연을 제외한 나머지 두 가지를 조정해야 한다. 여기에서 '자연'이라는 단어가 너무 모호하게 느껴질 수도 있다. 그러므로 정확하게 정의해보도록 하겠다.

자연이란 결국 습관에 지나지 않는다고들 말한다. 무슨 의미일까? 억지로 만드는 습관도 있지 않은가? 하지만 이런 습관도 결코 자연적인 본성을 억누르지는 못한다. 식물이 위로 곧게 자라지 못하도록 방해했을 때 나타나는 습성을 예로 들 수 있다. 이후 원래대로 자유롭게 풀어놓더라도 식물은 여전히 강제로 기울여놓았던 상태를 유지하지만, 그렇다고 해서 수액의 흐름이 원래 방향에서 벗어나는 일은 없다. 식물이 계속해서 성장한다면 다시 수직으로 자랄 것이다.

인간의 성향도 마찬가지다. 같은 상태가 지속되는 한 반복을 통해 형성된 습관들, 심지어 가장 부자연스러운 습관들조차 계속 유지될 수 있다. 하지만 상황이 변화하면 그 즉시 습관은 사라지고, 자연의 본성이 다시 드러난다. 교육은 분명 습관에 불과하다.

그런데 교육받은 내용을 잊고 흔적조차 지워버리는 사람이 있는가 하면 오랫동안 기억하는 사람도 있지 않은가? 이러한 차이는 어디에서 비롯될까? 자연이라는 개념을 자연에 부합하는 습관에만 한정한다면 이처럼 혼란스러운 논쟁을 벌일 필요가 없다.

우리는 감수성을 갖고 태어나기에 세상에 나오는 순간부터 주변 사물들로부터 여러 방식으로 영향을 받는다. 이를테면 감각을 인지하자마자 우리는 이러한 감각을 일으키는 대상을 찾아다니거나 피하려는 경향을 보인다. 처음에는 이 감각이 유쾌한지 불쾌한지, 그다음으로는 우리와 이 대상이 잘 맞는지 아닌지 따져보고, 마지막으로는 이성에 의해 형성된 행복과 완벽이라는 개념을 바탕으로 대상에 대해 판단하며 반응한다. 이러한 성향은 우리가 감수성이 풍부해지고 지식을 쌓을수록 확장되고 확고해진다. 하지만 습관에 의해 제약을 받고 우리의 의견에 따라 어느 정도 변형된다. 이렇게 변질되기 이전의 상태를 우리 안에 내재한 '자연적 본성'이라고 부른다.

그러므로 결국 모든 것을 이러한 원초적 성향으로 되돌려야 한다. 만약 세 가지 교육이 상충하지 않고 단지 서로 다를 뿐이라면 가능할 수도 있다. 하지만 상호 충돌한다면 어떻게 해야 할까? 아이가 스스로 바라는 어른이 될 수 있도록 안내하는 것이 아니라 타인의 욕망에 맞춘 존재로 만들기 위해 억지로 끌고 간다면? 이처럼 세 가지 교육이 조화를 이루지 못한다면 결국 자연이나 사회 제도 중 하나와 맞서 싸울 수밖에 없다. 이때 자유로운 인간으로 키울지, 사회적 시민으로 양성할지 선택해야만 한다. 두 성향은 동시에 양립할 수 없기 때문이다.

✤ 자연은 습관이 되어 본성으로 아이를 기른다

나는 이른바 '콜레주(Collège)'라고 불리는 그 우스꽝스러운 시설을 공적 교육기관으로 보지 않는다. 그 외에 사회에서 일반적으로 이루어지는 교육 역시 내가 말하는 진정한 교육에는 포함될 수 없다. 이런 교육은 서로 모순된 두 목표를 동시에 추구하다가 결국 모두 놓치고 만다. 그 결과 언제나 겉으로는 타인을 배려하는 듯 보이지만 실제로는 그 무엇도 나누지 않고 오직 자기 이익만 좇는 이중적 인간을 길러낼 뿐이다. 게다가 다들 그것이 뻔한 겉치레임을 알고 있기에 아무도 속지 않는다. 그러니 애써 그럴듯하게 꾸며봤자 헛수고다.

 교육이라는 외적 모순에서 비롯된 내적 충돌이 우리 안에서 끊임없는 갈등을 일으킨다. 우리는 자연과 사회라는 두 길에서 양쪽으로 잡아당겨지며, 다양한 충동에 휩쓸려 조각조각 찢긴다. 결국 두 가지를 절충한 길을 따라가지만 어떤 목적지에도 도달하지 못한다. 이처럼 일평생 부딪히고 흔들리며 살아가는 우리는 끝내 자기 자신과 화해하지 못한 채 삶을 마감한다. 끝내 우리 자신에게도, 타인에게도 좋은 존재가 되지 못한다.

결국 남는 것은 자연에 따른 교육, 곧 가정에서 이루어지는 교육뿐이다. 그렇다면 오직 자기 자신으로 길러진 인간이 사회 속에서 타인과 더불어 살아갈 수 있을까? 만약 인간을 위한 교육과 시민을 위한 교육, 이 두 목표를 하나로 통합할 수 있다면 인간 내면의 모순은 사라지고, 행복을 가로막는 가장 큰 장애물도 사라질 것이다.

그러나 자연 상태의 인간이 공동체 속에서 어떤 존재가 될지를 판단하려면 완성된 모습을 직접 보아야 한다. 성향을 관찰하고 성장 과정을 지켜보며 걸어온 길을 따라가야 한다. 다시 말해 자연 상태의 인간을 제대로 이해해야 한다. 이 글을 다 읽고 나면 이 주제에 대해 한 걸음 더 나아가게 되리라 믿는다.

자연의 질서 속에서는 모든 인간이 평등하므로 그들의 공통된 소명은 '제대로 된 인간'이 되는 것이다. 그리고 이 소명을 이행하도록 교육받은 사람이라면 '제대로 된 인간'으로서 맡아야 할 다른 역할도 잘해낼 것이다. 내 제자가 장차 군인이 되든, 성직자가 되든, 법조인이 되든 그것은 중요하지 않다.

　부모가 아이의 삶의 방향을 결정하기도 전에 자연은 먼저 아이를 불러 인간으로 살아가야 할 길을 가리킨다. 나는 아이에게 '살아가는 법'을 가르치고자 한다. 내가 가르친 아이는 내 손을 떠난 뒤 곧바로 법조인, 군인, 성직자가 되지는 못할지도 모른다. 나도 인정한다. 그러나 그 아이는 무엇보다도 먼저 '인간'이 되어 있을 것이다. 즉 인간이라면 마땅히 갖춰야 할 자질을 필요한 순간에 누구보다 잘 발휘할 줄 아는 인물이 되어 있을 것이다.

　우리가 진정 탐구해야 할 주제는 '인간의 조건'이다. 내 생각에 '삶의 기쁨과 고통을 가장 잘 견딜 줄 아는 사람'이야말로 가장 잘 교육받은 사람이다. 그러므로 진정한 교육은 이론적 가르침보다 실제 경험을 통해 이루어진다.

부모가 먼저 깨어나야
아이를 살린다

❖ 지키는 데서 멈추지 말고 살도록 이끌어야 한다

사람들은 아이가 그저 목숨만 부지해도 다행이라고 여긴다. 하지만 이것만으로는 충분하지 않다. 아이가 인간으로서 살아남아 운명의 공격을 견디고, 풍요와 곤궁에도 담대하게 맞서며 필요하다면 아이슬란드의 얼음 속에서도 몰타의 작열하는 바위 위에서도 살아갈 수 있도록 가르쳐야 한다.

  아무리 아이를 죽지 않게 하려고 온갖 조치를 취한다 해도 결국 죽음은 피할 수 없다. 그리고 설령 그 죽음이 보호자의 잘못이 아닐지라도, 그런 보살핌은 교육의 본질을 잘못 이해한 결과다. 아이가 그저 죽지 않도록 보호하는 데 급급하기보다는 제대로 살아갈 수 있도록 이끌어야 한다.

단순히 숨만 쉰다고 삶이 아니다. 살아 있다면 행동해야 한다. 우리의 신체 기관과 감각, 정신적 능력, 그리고 우리 존재의 모든 부분을 활용해 스스로 존재한다는 감각을 일깨워야 한다. 제대로 삶을 누린 사람은 가장 오랜 세월을 산 사람이 아니라 삶을 가장 밀도 있게 경험한 사람이다.

백 세까지 살고 무덤에 들어갔다 해도 태어날 때부터 죽은 것이나 다름없이 그저 시간만 보냈을 수도 있다. 만약 젊었을 때라도 제대로 된 삶을 살았다면 차라리 그때 무덤에 걸어 들어가는 편이 더 나았을지도 모른다.

우리가 지혜라고 믿는 것은 사실 모두 비굴한 편견에 지나지 않는다. 우리가 따르는 관습 또한 복종과 구속, 억압일 뿐이다. 문명 사회에서 인간은 태어날 때부터 죽을 때까지 속박된 채 살아간다. 인간은 태어나자마자 포대기에 싸이고, 죽어서는 관에 들어가 못 박힌다. 인간의 형상을 유지하는 한 사회 제도에 묶여 있을 수밖에 없다.

일부 산파들은 갓 태어난 아이의 머리를 주무르며 더 보기 좋은 모양으로 바꿀 수 있다고 주장한다. 그리고 사람들은 이런 얼토당토않은 행태를 아무렇지 않게 받아들인다. 창조자가 빚은 우리의 모습이 그토록 불완전하다는 말인가? 그래서 겉은 산파가, 안은 철학자가 다시 손을 봐야 한다는 것인가? 그렇다면 문명의 손길을 벗어난 카리브 사람들이 우리보다 훨씬 더 행복한 존재가 아닐까?

✤ 어머니가 먼저 깨어나면 가정과 사회도 다시 깨어난다

모두가 자연이 부여한 본래 자리로 돌아가길 바라는가? 그렇다면 어머니가 먼저 나서야 한다. 이 작은 출발이 곧 커다란 변화의 물결을 일으킬 것이며, 모두가 놀라움을 감출 수 없게 될 것이다.

모든 타락은 최초의 한 걸음에서 비롯되어, 그 이후 질서가 무너져 내린다. 도덕은 해이해지고, 사람들의 마음속 자연적 본성 또한 소멸해간다. 가정은 활기를 잃고, 막 가족을 꾸린 기쁨조차 오래가지 못한 채, 남편의 마음을 붙잡지 못하고 타인의 존중도 얻기 어렵다. 아이가 없는 어머니는 존중받지 못하고, 가족 안에서도 제 자리를 잃는다. 한 집에서 함께 살아도 친족의 정은 두터워지지 않는다.

이제는 아버지도, 어머니도, 자식도, 형제도, 자매도 없다. 모두가 서로를 알지 못한다. 그런데 어찌 사랑이 싹틀 수 있겠는가? 결국 각자는 오로지 자기 자신만을 생각하게 된다. 집이 슬프고 고독한 공간일 뿐이라면, 사람들은 즐거움을 찾아 밖으로 떠돌 수밖에 없다.

그러나 어머니가 아이에게 젖을 직접 물리겠다는 결심을 하는 것만으로도 사회의 풍속은 달라지기 시작한다. 사람들 마음속에 자연의 감정이 되살아나고, 국가는 다시 사람들로 가득 차게 될 것이다. 이 첫걸음만으로도 무너진 질서는 다시 하나로 이어질 수 있다.

가정생활의 매력은 타락한 풍속을 치유하는 가장 강력한 해독제다. 아이로 인한 소란은 번거로움이 아니라, 기꺼이 감당할 만한 기쁨이 된다. 아이 덕분에 아버지와 어머니는 서로를 더욱 필요로 하고 존중하며, 부부의 유대는 더욱 단단해진다.

가족이 생기로 가득하다면, 가정을 돌보는 일은 여성에게 가장 소중한 일상이 되고, 남성에게는 가장 안락한 즐거움이 된다. 어머니가 아이를 직접 기르지 않고 타인에게 맡기는 잘못된 관행만 고쳐도 사회 전체가 달라지고, 자연은 본래의 권리를 되찾게 된다. 여성이 다시 참된 어머니가 된다면, 남성도 머지않아 아버지이자 남편으로 돌아올 것이다.

❖ 어머니의 사랑은 부족해도, 넘쳐도 아이를 해친다

어머니가 없으면 아이도 존재할 수 없다. 어머니와 아이는 서로에게 의무가 있다. 한쪽이 그 의무를 소홀히 하면 다른 쪽도 결국 저버리게 된다. 아이는 의무라는 자각 이전에 본능적으로 어머니를 사랑한다. 그러나 혈연의 끈도 꾸준한 애정과 보살핌으로 이어지지 않으면 유아기부터 서서히 풀려버린다. 다시 말해, 어머니에 대한 사랑이 싹트기도 전에 메마르고 만다. 그리하여 아이는 애착을 형성하지 못한 채 삶의 첫 발걸음부터 자연의 질서에서 벗어난다.

반대로, 어머니의 보살핌이 부족해서가 아니라 지나쳐도 아이는 자연에서 멀어진다. 어떤 어머니는 아이를 우상처럼 떠받들며, 나약함을 깨닫지 못하게 하려다 오히려 그 약점을 키우고 뿌리내리게 만든다. 더 나아가 힘들어할 만한 모든 경험을 차단한다. 그러나 순간의 불편을 피하려다 아이의 머리 위에 수많은 위험을 쌓아올리는 결과를 낳는다. 결국 아이는 유약함을 극복할 기회를 빼앗기고 미성숙한 어른으로 자라난다. 하지만 어머니는 자신의 과보호가 얼마나 잔인한 선택이었는지 끝내 알지 못한다.

전설에 따르면 테티스는 아들을 불사신으로 만들기 위해 스틱스 강물에 담갔다. 이 이야기는 명료하다. 그러나 내가 말하는 잔혹한 어머니들은 정반대의 행동을 한다. 아이를 나약함 속에 흠뻑 잠기게 함으로써 고통스러운 운명을 떠넘기는 것이다. 그 결과 아이는 자라서 고통의 먹잇감이 될 수밖에 없다. 자연을 관찰하고 그 길을 따르라. 자연은 아이를 단련시키고, 시련을 통해 기질을 단단하게 만든다. 아주 이른 시기부터 고통과 아픔을 가르친다.

이가 날 때 열이 나고, 복통은 경련을 일으키며, 오래된 기침은 숨을 막는다. 회충으로 고통을 겪고, 혈액이 과다하면 피가 탁해진다. 체내 독소는 발진을 일으킨다. 아이는 유년기 내내 질병과 위험에 노출된다. 우리 시대에는 태어난 아이의 절반이 여덟 살 전에 죽는다. 그러나 시련을 견디고 나면 힘이 붙는다. 그때부터 생명을 지탱하는 기반이 더욱 견고해진다.

바로 이것이 자연의 법칙이다. 그런데 왜 이 질서를 거스르는가? 자연을 바로잡겠다는 생각이 오히려 자연의 창조물을 파괴하고, 그 보살핌마저 막는다. 몸 안의 작용을 밖으로 끌어내는 것이 위험을 키우는 듯 보일 수 있다. 그러나 실상은 그 반대다. 내부의 해로운 기운을 외부로 발산시켜 위력을 약화시키는 것이다.

경험에 따르면 과보호 속에서 자란 아이들이 더 많이 죽는다. 아이의 체력 한도를 넘지만 않는다면, 힘을 아끼게 하기보다 쓰게 하는 편이 더 안전하다. 아이가 언젠가 감내해야 할 고통에 익숙해지도록 미리 단련해야 한다. 계절과 기후, 환경의 거친 변화는 물론이고 굶주림·갈증·피로에도 버틸 수 있으려면 튼튼한 몸이 필요하다.

아이들을 스틱스 강물에 담그라. 아직 몸에 습관이 굳기 전에는 원하는 방식으로 길러도 큰 해가 없다. 그러나 습관이 자리 잡은 뒤 억지로 바꾸려는 시도는 언제나 위험하다. 어른은 감당 못할 변화라도 아이는 견뎌낼 수 있다. 아이의 섬유 조직은 부드럽고 유연해 어떤 형태에도 무리 없이 적응한다. 그러나 어른의 조직은 뻣뻣해 한 번 굳어지면 폭력적 수단 없이는 바뀌지 않는다. 아이의 생명과 건강을 위태롭게 하지 않고도 충분히 튼튼하게 기를 수 있다. 약간의 위험이 따른다고 해도 주저하지 말라. 인간의 삶에서 위험은 결코 사라지지 않는다. 차라리 피해가 가장 적은 유년기에 겪게 하는 것이 최선이다.

✤ 어머니는 품어 기르고, 아버지는 이끌어 세운다

아이는 세상에 태어나자마자 울음을 터뜨리고, 생의 첫 시기를 울음으로 보낸다. 부모는 아이를 달래기도 하고, 억지로 조용히 시키려 윽박지르거나 때리기도 한다. 때로는 아이의 요구를 모두 들어주지만, 또 때로는 자신의 욕망을 강요한다. 결국 부모는 아이의 변덕에 끌려가거나, 아이를 자기 뜻대로 끌고 가는 두 극단 사이를 오간다. 아이의 명령을 따르거나, 아이에게 명령을 내리는 것, 둘 중 하나뿐이다.

이처럼 아이가 가장 먼저 배우는 개념은 지배와 복종이다. 말문이 트기 전부터 명령을 내리고, 움직이지도 못하는데 순종부터 강요한다. 잘못을 알기도 전에, 심지어 잘못을 저지르기도 전에 벌을 받는다.

이렇듯 아이의 마음을 너무 이른 시기에 온갖 감정으로 어지럽혀놓고는, 훗날 자연 탓으로 책임을 돌린다. 애써 타락시켜놓고, 나중에 아이가 타락했다고 한탄한다.

아이는 이런 환경에서 어머니 손에 예닐곱 살까지 자란다. 그때쯤 이미 어머니의 변덕과 자신의 변덕에 휘둘려 내면은 뒤죽박죽이다. 이어지는 교육 역시 아이의 기억 속에 이해할 수 없는 말들과 소용없는 지식만 쌓아간다.

이처럼 인위적 감정으로 본성을 억누른 뒤, 부모는 이 '가공된 존재'를 가정교사에게 맡긴다. 교사는 이미 자라난 인공의 싹에 거름을 더한다. 아이는 모든 것을 배운 듯하지만 정작 자기 자신을 아는 법, 능력을 활용하는 법, 올바르게 살아가는 법, 행복해지는 법은 배우지 못한다. 그리하여 이 아이는 지식은 가득하나 분별은 없고, 몸과 정신은 나약한 채 세상에 내던져져 어리석음과 오만, 악습을 드러낸다.

이 모습을 보고 인간 본성이 비참하고 타락했다고 단정한다면, 그것은 오류다. 이는 자연의 인간이 아니라, 잘못된 교육이 만들어낸 왜곡된 인간상이다.

아이가 본래의 모습을 간직하기를 원하는가? 그렇다면 태어난 순간부터 그 모습을 지켜야 한다. 아이를 품에 안은 채 어른이 될 때까지 놓아서는 안 된다. 그렇지 않으면 결코 성공할 수 없다. 진정한 양육자는 어머니이며, 진정한 교육자는 아버지다. 두 사람은 역할뿐 아니라 교육 방식에서도 조화를 이루어야 한다. 양육은 어머니의 손에서 아버지의 손으로 자연스럽게 이어져야 한다.

아이는 최고의 교사보다도 역량은 부족하더라도 현명한 아버지에게 배우는 편이 훨씬 낫다. 열의는 부족한 재능을 보완할 수 있지만, 재능은 열의를 대신하지 못하기 때문이다.

아버지가 자식을 낳고 먹여 살린다 해도, 이는 책임의 3분의 1에 불과하다. 그는 인류를 위해 인간을, 사회를 위해 사회적 인간을, 국가를 위해 시민을 길러낼 책임을 진다. 이 세 가지를 이행할 수 있음에도 외면한다면 죄이며, 일부만 어설프게 지키려 한다면 더 큰 죄일 수 있다.

아버지로서의 책임을 다하지 못하는 자는 아버지가 될 자격도 없다. 가난도, 노동도, 체면도 자녀를 직접 기르고 먹이지 않아도 된다는 면죄부가 될 수 없다. 나는 단언한다. 양심이 있으면서도 이 신성한 의무를 저버린 자는 누구든지 오랫동안 쓰라린 눈물을 흘리게 되리라! 그 마음은 결코 위로받지 못할 것이다.

그렇다면 공무와 사무에 쫓겨 어쩔 수 없다는 핑계를 대는 부유한 가장은 어떠한가? 그는 자녀를 짐으로 여기고, 돈으로 책임을 떠넘긴다. 돈이면 모든 것이 해결된다고 믿는 것이다. 얼마나 천박한가! 돈으로 다른 아버지를 대신 붙일 수 있는가? 착각하지 말라. 그가 붙여준 이는 스승이 아니라 하인일 뿐이다. 결국 그 하인은 아이를 또 다른 하인으로 길러낼 것이다.

점진적인 단련으로
아이를 강하게 키워라

❖ 억누르지 말고, 점진적으로 강하게 키워라

　오늘날 부모의 나약함을 물려받아 태어나기도 전에 연약한 아이들은, 세상에 나오자마자 제멋대로인 기질을 드러낸다. 그러나 이 기질을 바로잡으려면 처음부터 모든 시련에 무작정 노출시켜서는 안 된다. 아이를 본래의 건강한 상태로 되돌리려면 점진적이고 단계적인 접근이 필요하다. 처음에는 보통의 방식을 따르되, 시간이 갈수록 서서히 거리를 두어야 한다.

　아이를 자주 씻겨야 한다. 금세 더러워지는 모습만 보아도 필요성을 알 수 있다. 물로 씻기지 않고 마른 수건으로만 닦으면 오히려 피부를 해칠 수 있다. 아이의 몸이 점점 튼튼해질수록 물의 온도를 조금씩 낮춰야 한다. 마침내 여름에도, 겨울에도 찬물로, 심지어 얼음물로도 씻길 수 있을 만큼 단련시켜야 한다. 아이에게 무리가 가지 않으려면 물의 온도를 거의 느껴지지 않을 정도로 서서히 낮추는 것이 중요하다. 이를 위해서는 온도계를 활용해도 좋다.

냉수욕에 익숙해지면 결코 중단해서는 안 된다. 평생의 습관으로 이어가야 한다. 나는 냉수욕을 단순히 청결이나 일시적 건강을 위한 수단으로 보지 않는다. 냉수욕은 신체의 섬유조직을 유연하게 만들어 더위와 추위를 비롯한 다양한 온도 변화에 어려움 없이 적응하도록 돕는다. 한마디로 평생에 유익한 위생 예방책인 것이다.

이처럼 변화를 견디는 신체를 만들려면, 아이가 자라면서 뜨거운 물에는 가끔 몸을 담그고, 차가운 물에는 자주 몸을 담가야 한다. 그러면 다양한 온도에 점차 익숙해져 결국 공기의 변화에는 거의 무감각해질 수 있다. 왜냐하면 물은 공기보다 밀도가 높아, 우리 몸 전체에 더 강한 자극을 주기 때문이다.

아이가 자궁에서 나와 처음 숨을 들이마시는 순간, 보호한다는 이유로 옷이나 싸개로 호흡을 막아서는 안 된다. 머리싸개도, 띠도, 배내옷도 금물이다. 헐렁하고 넉넉한 옷이어야 아이가 팔다리를 자유롭게 움직일 수 있다. 옷이 너무 무거워 움직임을 방해해서도, 너무 두터워 공기의 자극을 차단해서도 안 된다. 아이를 꽁꽁 싸매는 대신, 자유롭고 안전하게 움직일 수 있도록 넉넉하고 부드러운 요람에 눕혀야 한다.

아이가 튼튼해지기 시작하면 방 안을 기어 다니게 두라. 스스로 몸을 발달시키고 사지를 마음껏 뻗도록 허용하라. 그러면 팔다리가 하루가 다르게 강해진다. 포대기에 단단히 싸인 또래와 비교하면 발달 차이가 놀라울 것이다.

❖ 아이에게 가르칠 유일한 습관은, 습관에 길들지 않는 자유

인간의 교육은 태어나는 순간부터 시작된다. 말을 하기 전에도, 듣기 전에도 아이는 이미 배우고 있다. 교육보다 먼저 경험이 아이를 가르친다. 아이가 유모를 알아보는 그 순간, 이미 많은 것을 습득한 셈이다. 제대로 된 교육을 받지 못한 무식한 사람의 성장 과정을 살펴봐도, 태어난 날부터 성인이 되기까지 축적한 지식의 양과 깊이에 놀라지 않을 수 없다.

인간의 지식은 크게 두 갈래다. 하나는 모든 이가 공유하는 보편적 지식, 다른 하나는 학자들만 독점하는 특수 지식이다. 그러나 후자는 극히 일부에 불과하다. 우리는 보편적 지식의 축적에는 거의 관심을 두지 않는다. 왜냐하면 이런 지식은 이성이 형성되기 전부터 무의식중에 저절로 습득되기 때문이다. 게다가 지식은 차이가 드러날 때만 눈에 띄므로, 누구나 공유하는 보편적 지식은 대수 방정식의 공통항처럼 사라지고 만다.

동물도 배운다. 감각을 가졌기에 그것을 활용하는 법을 익혀야 하고, 욕구를 느끼기에 그것을 해소할 방법을 배워야 한다. 먹는 법, 걷는 법, 나는 법까지도 연습이 필요하다. 네 발로 태어나는 짐승도 첫 걸음은 불안하고 서툴다. 새장 속 카나리아가 날지 못하는 것은, 단 한 번도 날아본 적이 없기 때문이다. 감각 있는 모든 생명은 배우며, 만약 식물도 스스로 움직일 수 있었다면 학습 능력이 없이는 금세 멸종했을 것이다.

아이가 처음 접하는 감각은 감정과 결부된다. 태어난 직후 아이는 오직 기쁨과 괴로움만을 안다.

스스로 걷지도, 손으로 움켜쥘 수도 없는 탓에 외부 사물을 분리된 대상으로 인식하는 데에는 오랜 시간이 걸린다. 그러나 사물이 감각 속에서 외부 대상으로 확장되고, 시각을 통해 거리·크기·형태를 분별할 수 있게 될 때까지 감정적 감각이 반복되며 습관으로 자리 잡는다.

아이는 눈길이 끊임없이 빛으로 향한다. 옆에서 빛이 비추면 무의식적으로 그쪽을 바라본다. 따라서 사시나 비스듬한 시선이 습관이 되지 않도록 얼굴을 언제나 빛 쪽으로 돌려주어야 한다.

또한 어린 시절부터 어둠에 익숙해야 한다. 그렇지 않으면 어둠에 놓이는 순간 곧장 울음을 터뜨린다. 음식과 수면을 지나치게 규칙적으로 맞추면 몸은 일정한 간격으로만 먹고 자도록 길들여진다. 그러면 욕망은 자연스러운 필요가 아니라 습관에서 생겨난다. 더 정확히는 습관이 자연적 필요 위에 새로운 욕구를 덧붙이는 것이다. 이런 습관화는 반드시 경계해야 한다.

아이가 익혀야 할 유일한 습관은, 어떤 습관에도 길들지 않는 자유다. 아이가 한쪽만 편하게 느끼지 않도록 양팔을 번갈아 안아야 하며, 어느 한 손만 내미는 습관이 들지 않도록 주의해야 한다. 먹고, 자고, 움직이는 시간도 유동적으로 바꾸어 불필요한 버릇이 자리 잡지 않게 해야 한다. 밤이든 낮이든 혼자 있어도 의연할 수 있도록 길러야 한다.

아이가 장차 자유를 누리고, 자신의 힘을 온전히 쓸 수 있으려면 지금부터 준비가 필요하다. 몸이 자연의 흐름에 따라 자라도록 돕고, 스스로를 통제할 수 있도록 훈련하며, 일단 결심하면 끝내 자기 뜻을 실현할 수 있는 힘을 길러주어야 한다.

✤ 천천히 단련시키며 두려움을 넘어서게 하자

아이가 사물을 구별하기 시작하는 시점부터는 무엇을 보여줄지 신중하게 선택해야 한다. 새로운 사물은 누구에게나 본능적으로 호기심을 불러일으키지만, 아이는 자신이 연약하다고 느껴 낯선 것을 두려워한다. 그러나 익숙해지면 두려움은 사라진다.

거미 한 마리조차 없는 집에서 자란 아이는 거미를 무서워하지만 시골 사람들 가운데 거미를 두려워하는 경우는 없다.

아이의 태도가 보여주는 대상에 따라 달라질 수 있다면, 왜 말하고 듣기 전에 이미 교육을 시작하지 않는가? 나는 아이가 낯선 사물, 보기 흉하거나 이상한 동물에도 익숙해지도록 지도해야 한다고 본다.

처음에는 멀리서 조금씩 보여주며 낯설지 않을 때까지 기다려야 한다. 다른 사람들의 태도를 지켜보는 가운데 아이도 어떻게 반응해야 하는지 배우게 된다. 어릴 적 두꺼비, 뱀, 가재를 두려움 없이 본 아이라면 자라서 어떤 동물을 마주쳐도 공포에 휩싸이지 않을 것이다. 매일 마주하면 아무리 흉측한 대상도 결국 혐오스럽게 느껴지지 않는다.

아이는 누구나 가면을 무서워한다. 나는 먼저 에밀에게 부드러운 표정의 가면을 보여주고, 누군가 그 가면을 쓰는 모습을 보여준다. 내가 웃음을 터뜨리면 모두가 웃고, 아이도 따라 웃는다. 이렇게 단계적으로 익숙해지면 더 험한 가면도 두렵지 않게 되고, 마침내 흉측한 얼굴을 보고도 겁내지 않는다. 단계를 점진적으로 높여간 덕분에, 아이는 마지막 가면을 봐도 놀라기는커녕 처음 봤을 때처럼 웃음을 터뜨릴 것이다. 이제 가면을 보고 놀랄까 염려할 필요가 없다.

몸과 감각으로
스스로 겪으며 배우게 한다

❖ 몸으로 직접 겪게 하고, 스스로 배우게 해야 한다

삶이 시작되는 시기에는 아직 기억과 상상력이 작용하지 않으므로, 아이는 오직 현재 감각 자극에만 주의를 기울인다. 감각은 세상을 인식하는 첫 매개체이기에 아이가 감각을 올바른 순서로 경험하도록 도와야 한다. 이렇게 해야 훗날 기억 속 감각을 같은 순서로 떠올려 이해할 수 있다. 그러나 이때는 감각 자체에만 집중하므로, 사물과 감각을 분명하게 연결해 보여주는 것만으로 충분하다.

아이는 무엇이든 만지고 건드리려 한다. 이 산만한 행동을 억누르면 안 된다. 겉보기에 정신없어 보여도 배움의 과정이 숨어 있다.

아이는 이 과정을 통해 따뜻함과 차가움, 단단함과 부드러움, 무거움과 가벼움을 구별하는 법을 배운다. 사물을 보고 만지고 들으며, 특히 시각과 촉각을 비교하고, 손끝의 감각을 눈으로 미리 가늠하면서 크기·형태 등 감각으로 식별할 수 있는 속성을 익힌다.

우리는 오직 움직임을 통해서만 '우리와 다른 사물이 있다'는 사실을 알 수 있다. 마찬가지로 아이도 자신의 몸을 실제로 움직여 봐야 공간 개념을 형성한다. 공간 지각이 미숙하므로 바로 앞의 물건이나 멀리 있는 물건이나 똑같이 손을 뻗어 움켜쥐려 한다.

아이가 손을 뻗는 행동은 얼핏 환경을 통제하려는 욕망, 물건을 끌어당기려는 의지, 혹은 타인에게 가져다놓으라는 명령처럼 보일 수 있다. 그러나 그렇지 않다. 아이는 물건을 머리로, 이어서 눈으로 인지한 뒤 단지 '손이 닿는 곳에 있다'고 판단할 뿐이며, 만질 수 있는 범위 안에서만 공간을 감지한다.

따라서 아이와 자주 산책을 나가서 여러 공간을 경험하게 해주어야 한다. 그래야 거리감을 익힐 수 있다. 아이가 공간을 어느 정도 인식하면 교육 방식을 바꿔야 한다. 더 이상 아이의 변덕이 아니라 교육자의 판단에 따라 이끌어야 한다. 감각에 속지 않게 되는 순간, 몸을 움직이는 이유가 달라지기 때문이다. 이는 중요한 전환점이므로 따로 설명할 필요가 있다.

아이는 욕구가 충족되지 않으면 본능적으로 도움을 청한다. 울음이 그 신호다. 아이는 자주 운다. 당연한 일이다. 모든 감각이 곧 정서적 반응으로 이어지기 때문이다. 기분 좋은 자극은 조용히 즐기지만, 고통스러운 자극은 울음으로 표현해 위로를 요구한다. 깨어 있는 동안 아이가 무심할 수 없다는 뜻이며, 곧 끊임없이 주변의 영향을 받는다는 의미다.

✤ 눈과 손으로 감각을 익히고, 사물과 함께 언어를 배운다

우리가 사용하는 모든 언어는 인간이 만들어낸 산물이다. 인류에게 공통된 자연 언어가 있는지 오래전부터 연구가 이어져왔다. 그 자연 언어란 아이가 말을 배우기 전 사용하는 언어다. 분절된 말소리는 아니지만 억양과 울림이 있고, 의미도 전달된다. 그러나 우리가 사용하는 언어에 익숙해지면서 이 자연 언어를 점차 소홀히 하다 결국 잊어버렸다. 아이들을 관찰하면 우리는 다시 자연 언어를 배울 수 있다.

목소리의 언어에 몸짓이 더해지면 강력한 의사표현이 된다. 아이의 몸짓 언어를 이해하려면 아직 미숙한 손 동작보다 얼굴 표정을 살펴야 한다. 형태가 다 갖춰지지 않은 얼굴임에도 놀라울

만큼 다양한 표정을 짓는다. 아이는 믿을 수 없을 만큼 빠른 속도로 순간순간 표정을 바꾼다. 그 안에서 우리는 미소, 욕망, 공포와 같은 감정이 번개처럼 나타났다가 사라지는 모습을 본다. 매번 전혀 다른 얼굴을 보는 듯하다.

아이의 얼굴 근육은 어른보다 훨씬 민감하게 움직인다. 그러나 흐릿한 눈빛에서는 거의 아무것도 읽을 수 없다. 아직 신체적 욕구만 지닌 시기라 표현 방식이 이렇다. 감각은 얼굴로 드러나지만 감정은 눈빛으로 전해지기 때문이다.

도움은 주되,
욕망과 변덕에는 단호하라

❖ 아이가 울 때, 도와주되 휘둘리지는 말라

인간의 처음 상태가 불안과 나약함이라면, 처음 내는 목소리는 신음과 울음일 수밖에 없다. 아이는 자신의 욕구를 느끼지만 스스로는 충족하지 못해 울음을 터뜨려 타인에게 도움을 청한다. 배가 고프거나 목이 마르면 운다. 춥거나 더워도 운다. 움직이고 싶은데 가만히 두면 울고, 졸린데 자꾸 흔들면 울음이 터진다. 스스로 조절할 수 없을수록 아이는 불편한 상황을 바꿔달라며 더 자주 요구한다. 아이가 가진 언어는 하나뿐이다. 아직 감각기관이 미완성이라 다양한 자극을 구별하지 못하고 모든 불쾌를 단순히 고통으로만 인식한다.

보통은 대수롭지 않게 여기는 이 울음에서 인간이 주변 세계와 맺는 최초의 관계가 시작된다. 이 순간, 사회 질서를 이루는 긴 사슬의 첫 고리가 만들어진다.

아이가 운다면, 분명 불편을 느끼는 것이다. 스스로 해결할 수 없는 욕구가 있다는 뜻이다. 그러면 아이를 살펴보고, 무엇이 필요한지 찾아내 충족시켜야 한다. 그러나 알아내지 못하거나 채워주지 못하면 아이는 울음을 멈추지 않고, 어른은 지쳐간다. 그러다 결국 달래거나 안아 흔들고, 자장가를 부른다. 그래도 울음이 그치지 않으면 짜증을 내고, 급기야 을러대기까지 한다. 막 세상에 나온 아이에게 이보다 더 이상한 교육은 없다.

아이가 사물로 물리적 한계만 경험하고, 타인의 의지와 충돌하지 않고 자란다면 반항적이거나 성마른 성격이 되지 않는다. 오히려 더 건강하게 자란다. 서민 계층 아이들이 끊임없는 간섭 속에 자란 아이들보다 대체로 더 활달하고, 수더분하며, 튼튼한 것도 이 때문이다. 다만 아이에게 복종하는 것과 아이를 억누르지 않는 것은 전혀 다르다는 점을 잊지 말아야 한다.

아이의 '첫 울음'은 애원이다. 그러나 잘못 대응하면 애원은 곧 명령으로 바뀐다. 처음에는 단순히 도움을 청할 뿐이지만, 곧 타인을 시중드는 존재로 만들어버린다. 이렇게 아이는 나약함 때문에 가장 먼저 '타인에게 의존하는 감각'을 깨우친다. 곧이어 지배와 주도권의 관념이 따라오는데, 이는 아이의 필요라기보다 어른의 지나친 돌봄이 자극한 결과다. 그래서 이 시기부터 아이의 몸짓과 울음 속 숨은 의도를 읽는 일이 중요하다.

아이가 말없이 손을 뻗는 것은 사물과의 거리를 가늠하지 못해 닿을 수 있다고 믿기 때문이다. 즉 단순한 착각이다. 그러나 손을 뻗으며 칭얼거리고 울면, 잘못된 거리 판단이 아니라 사물을 옮기거나 보호자가 가져다주길 요구하는 것이다.

첫 번째 경우라면 아이를 천천히 한 걸음씩 데려가면 된다. 그러나 두 번째 경우라면 요구를 들어주는 시늉조차 하지 말아야 한다. 울음이 커질수록 오히려 더 단호히 무시해야 한다. 어릴 때부터 사람에게도, 사물에게도 명령하지 않는 습관을 들여야 한다. 사람은 아이의 지배를 받을 이유가 없고, 사물은 아이의 말을 알아듣지 못하기 때문이다.

그러므로 아이가 무언가를 탐낼 때는 물건을 가져다주는 대신, 아이를 그 물건 쪽으로 데려가는 편이 옳다. 아이는 그 경험을 통해 나이에 걸맞은 결론을 얻게 된다. 다른 방식으로는 이런 판단을 배우기 어렵다.

✤ 아이의 손길이 거칠어도 악의가 아닌 삶의 생명력이다

아이는 눈에 보이는 모든 것을 건드리고 싶어 한다. 손이 닿는 것은 무엇이든 부수고, 망가뜨린다. 새를 만질 때도 돌멩이를 움켜쥐듯 힘을 줘서, 자신이 무슨 짓을 하고 있는지도 모른 채 숨통을 조인다.

왜 그럴까? 철학자들은 그 이유를 인간 본성에 내재된 악의에서 찾는다. 오만, 지배욕, 자기애, 사악함 등이 그것이다. 그들에 따르면 아이는 스스로의 나약함을 누구보다 잘 알기에, 힘을 과시하는 행동으로 자신이 가진 힘을 증명하고자 안달한다.

하지만 아이도 병들고, 노인이 되면 다시 쇠약해진다. 유년기처럼 무력해진 노인의 모습은 어떠한가? 그는 움직이지 않고 고요히 머물며, 자신을 둘러싼 모든 것마저 함께 멈추길 바란다. 작은 변화에도 쉽게 동요하고, 세상이 평온하길 소망한다.

아이와 노인 모두 무력하고, 열정 또한 다르지 않다면, 근본적인 원인이 바뀌지 않았음에도 왜 행동 양상은 달라지는 걸까? 물론 다양한 설명이 가능하겠지만, 신체 상태 말고 두 시기를 가르는 결정적 차이가 있는 것일까?

양쪽 모두가 지닌 생명의 원동력은 아이 안에서는 성장하고, 노인 안에서는 쇠퇴한다. 아이는 자신을 형성하고, 노인은 자신을 파괴한다. 아이는 삶을 향해 전진하고, 노인은 죽음 쪽으로 빨려 들어간다. 쇠약한 생명력은 노인의 심장 깊숙한 곳에만 머물 뿐이지만, 아이 안의 생명력은 넘쳐흘러 바깥으로 새어 나온다. 말하자면, 아이는 자기 안에 자신을 둘러싼 모든 것에 생기를 불어넣고도 남을 만큼 충분한 힘을 지닌다.

아이가 만들든, 부수든 상관없다. 사물의 상태를 바꾸는 행위 자체가 목적이다. 파괴적 성향을 보인다고 해도 악의 때문이 아니다. 창조는 느리지만 파괴는 빠르므로, 아이의 활기찬 기질에 파괴가 더 잘 어울릴 뿐이다.

자연의 창조자는 아이에게 이 생명 에너지를 주면서도, 해롭지 않게 하도록 신체 능력에 한계를 두었다. 그러나 주변 사람들을 뜻대로 움직이는 도구로 여기기 시작하면, 아이는 타인을 이용해 상황을 바꾸고 무력함을 보완하려 한다. 이렇게 아이는 성가시고 고압적이며, 오만하고 감당하기 어려운 존재가 된다. 이는 타고난 지배 본능의 결과가 아니라, 오히려 그 과정을 통해 지배 본능이 형성된 것이다. 왜냐하면 타인의 손을 빌려 무언가를 이루고, 말한마디로 세상을 움직이는 기쁨을 아는 데는 그리 오랜 시간이 걸리지 않기 때문이다.

하지만 사람은 성장하며 힘이 생기고, 불안에서 벗어나며, 점차 침착해진다. 동시에 자기 안으로 깊이 침잠한다. 다시 말해, 정신과 육체가 균형을 이루기 시작하고, 자연은 삶을 유지하는 최소한의 움직임만 요구한다. 그러나 아이의 지배욕은 필요에서 비롯되었음에도 그 필요가 사라진 뒤에도 여전히 남는다. 아이는 타인에 대한 지배를 통해 자기애를 키우고, 그것을 보듬는다. 지배 행위가 습관화되면 자기애는 더 강해지고, 필요는 환상으로 대체된다. 동시에 사회적 평판에 얽힌 편견이 뿌리를 내리기 시작한다. 이 원리를 이해하면, 인간이 언제 자연의 길에서 벗어나는지 분명히 알 수 있다.

✤ 아이의 변덕이나 이유 없는 욕망에는 응하지 말라

그러면 이제 자연 상태에서 벗어나지 않고 머무르려면 어떻게 해야 할까?

아이들은 힘이 남아도는 것이 아니라, 자연이 요구하는 일조차 감당하기 벅차다. 그러므로 자연이 준 힘은 전부 자유롭게 발산하게 해야 한다. 어차피 아이는 그 힘을 남용할 줄도 모른다. 이것이 첫 번째 원칙이다.

아이에게 지능이 부족하든, 힘이 부족하든, 생리적 필요만큼은 반드시 채워줘야 한다. 이것이 두 번째 원칙이다.

그러나 아이를 도울 때에는 오직 필요한 경우에만 개입해야 하며, 변덕이나 이유 없는 욕망에는 절대로 응해서는 안 된다. 변덕은 자연에서 비롯된 것도, 저절로 생겨나는 것도 아니므로 애초에 발생하지 않게 막아야 한다. 이것이 세 번째 원칙이다.

아이가 아직 마음을 숨길 줄 모를 때, 언어와 몸짓을 세심히 살펴 자연적 욕구와 사회적 욕망을 구분해야 한다. 이것이 네 번째 원칙이다.

이 원칙들의 핵심은, 아이에게 진정한 자유를 더 많이 허용하고, 지배욕은 더 강하게 억제하며, 스스로 해낼 수 있는 일을 늘려주고, 타인에게 요구하는 일은 줄이는 데 있다. 어릴 때부터 자신의 힘으로 이룰 수 있는 범위 안에서 욕망을 제한하는 습관을 들이면, 능력으로는 어쩔 수 없는 일을 맞닥뜨려도 크게 상심하지 않는다.

아이의 몸과 팔다리를 완전히 자유롭게 놔두어야 하는 이유도 여기에 있다. 단, 아이가 넘어지지 않게 주의하고, 위험한 물건은 손에 닿지 않게 치워야 한다. 몸과 팔이 자유로운 아이는 배내옷에 꽁꽁 싸인 아이보다 훨씬 덜 운다. 오직 생리적 욕구를 느낄 때만 운다는 뜻이다. 이 경우, 도움이 필요한 순간을 분명히 알 수 있으므로 단 한순간도 지체하지 말고 곧바로 도와야 한다. 그러나 도와줄 수 없는 고통이라면, 괜히 달래려 안달하기보다 그저 곁에 있어주는 편이 낫다.

아무리 달래도 배앓이가 멎지는 않는다. 그런데 아이는 사람들이 자신을 달래려 애쓰는 방식을 기억한다. 단 한 번이라도 자기 뜻대로 주변을 움직여 목적을 달성하면, 아이는 지배자가 된다. 그러면 지금까지의 모든 노력이 무너진다.

움직임을 방해받지 않을수록 아이는 점점 울지 않게 된다. 아이의 울음이 줄어들수록, 달래느라 허둥대는 일도 줄어든다. 아이를 으르거나 어르는 횟수가 적을수록, 아이도 겁내거나 고집부리지 않고 차분함을 유지한다. 아이를 울게 내버려둘 때보다, 달래려 급히 나서는 쪽이 오히려 탈장을 유발하는 경우가 더 많다. 실제로 자유롭게 내버려둔 아이들이 그렇지 않은 아이들보다 탈장이 훨씬 덜하다.

그렇다고 아이를 방치하라는 뜻은 아니다. 그 반대다. 울기 전에 먼저 무엇이 필요한지 살피는 것이 중요하다. 다시 말해, 울고 난 뒤에야 뒤늦게 알아차려서는 소용이 없다.

그러나 보살핌이 왜곡되어 받아들여지지 않게 주의해야 한다.

울기만 하면 해결된다고 아는 아이가 과연 울음을 참을까? 아이는 자신이 조용해질 때 어른들이 얼마나 고마워하는지 깨닫는다. 그러자 침묵에 큰 가치를 부여하게 되고, 어른은 더 이상 감당하지 못한다. 그 결과 아이는 소용없는 울음을 억지로 짜내며 기진맥진해지고, 끝내는 스스로를 해친다.

몸이 구속되지 않고 아픈 곳도 없으며 필요한 것이 모두 갖춰져 있는데도 아이가 오래 운다면, 그것은 습관이나 고집 때문이지 자연적 이유가 아니다. 이런 울음은 자연이 만든 것이 아니라 어른의 작품이다. 아이가 울면 귀찮아하며 당장 그치게 만들려 한 탓이다. 그 순간은 조용해질지 몰라도, 훗날 아이를 더 울게 만든다는 사실을 모른 채 말이다.

우는 습관을 고치거나 아예 들지 않게 하려면, 아무런 반응도 하지 않아야 한다. 그것이 유일한 방법이다. 아이들은 끈질기게 시도하지만 어른이 더 단호하게 끈기 있게 버티면 곧 질려서 다시는 반복하지 않는다. 그리하여 아이는 쓸데없이 울지 않고, 진짜 고통스러울 때만 우는 습관을 들인다.

단지 변덕이나 고집 때문에 우는 경우라면, 울음을 멈추게 하는 가장 확실한 방법은 즐겁고 강렬한 자극으로 주의를 돌려 울려던 사실 자체를 잊게 만드는 것이다.

아이가 말을 배울 때
서두르지 말고 기다리자

✤ 아이가 처음 듣는 말은 분명하고 구체적이어야 한다

아이들은 세상에 나오자마자 말소리를 듣는다. 사람들은 아이가 말을 알아듣기도 전에, 심지어 목소리를 낼 수 있기 전부터 아이에게 말을 건다. 아이의 발성기관은 아직 굳어 있어 곧바로 어른의 소리를 흉내 낼 수 없고, 필요한 과정을 차근차근 밟아야 한다. 게다가 아이의 귀가 어른처럼 소리를 또렷하게 감지할 수 있는지도 확실하지 않다.

아이에게 노래를 불러주고 말을 걸어 즐겁게 해주는 일은 잘못이 아니다. 다만 쉴 새 없이 무의미한 말을 늘어놓아 아이가 억양만 듣고 내용은 전혀 이해하지 못한 채 어리둥절해진다면, 이는 결코 도움이 되지 않는다.

아이가 처음 듣게 될 말은 신중히 선택해야 한다. 특히 간단하고 분명한 말을 자주 반복해주는 것이 좋다. 이때 단어는 모두 아이가 감각으로 인지할 수 있는 대상을 가리켜야 한다. 즉 구체적 사물을 보여주며 말해야 의미가 있다.

아이들은 전혀 이해하지 못하면서도 유창하게 들리는 무의미한 말에 쉽게 안도한다. 그러나 이런 습관은 생각보다 이른 시기부터 생겨난다. 결국 학생이 되면, 교사의 장황한 설명을 갓난아이 시절 배내옷에 싸여 어른의 수다를 들었듯 수동적으로 받아들이게 된다. 차라리 아이가 그런 말을 전혀 이해하지 못한 채 자라는 편이 훨씬 낫다.

✤ 아이 말의 자잘한 오류들을 모두 고치려 하지 마라

아이의 언어가 형성되고, 처음 말을 배우는 초기 과정을 살펴보면 여러 생각이 떠오른다. 그러나 어떻게 하든 아이들은 결국 비슷한 방식으로 언어를 익힌다. 이 주제에 관한 온갖 철학적 사유는 사실 별다른 소용이 없다.

아이들은 나이대에 맞는 나름의 문법을 갖고 있다. 이 문법은 성인의 언어보다 더 일반적이고 규칙적이다. 주의 깊게 보면, 아이들이 특정한 유추 원리를 얼마나 정확히 적용하는지 놀랄 수밖에 없다. 겉으로는 문법 규범에 어긋나는 듯 보일 수 있지만, 그 속에는 철저하고 일관된 체계가 있다. 다만 표현이 거칠거나 기존 언어 관습과 달라 어색하게 느껴질 뿐이다.

아이 말의 작은 오류들을 일일이 고치려는 집착은 자기 지식 과시에 불과하며, 불필요한 간섭이다. 시간이 지나면 아이들은 스스로 바로잡는다. 그러므로 아이들 앞에서는 그저 정확한 언어로 말하면 충분하다. 아이들이 주 교육자와 가장 많은 시간을 즐겁게 보낼 수 있다면, 자연히 그 언어를 따라 배우게 된다. 억지로 지적할 필요는 없다.

하지만 여기서 더 심각한 문제가 있다. 사람들은 혹시 아이가 제때 말을 배우지 못할까봐 조바심을 내며 서둘러 말을 시킨다. 그러나 이런 조급함은 의도와 달리 아이의 발화를 더 늦추고, 의사 표현을 더 서툴게 만든다. 어른이 아이의 말을 하나도 빠짐없이 이해하려 애쓰면, 아이는 또렷하게 발음할 필요조차 느끼지 못한다. 겨우 입술만 움직여도 어른들이 알아서 반응하니, 많은 아이들이 평생 불분명한 발음과 웅얼거리는 말투를 고치지 못한다. 결국 무슨 말을 하는지조차 알아듣기 힘들어지는 것이다.

✤ 조급히 말문을 재촉하면 아이의 언어는 더 어눌해진다

아이는 오직 자신이 또렷이 구분해 들을 수 있는 말만 이해하고, 또렷이 발음할 수 있는 말만 해야 제대로 언어를 배운다. 발음을 정확히 하려는 과정에서 아이는 같은 음절을 반복하며 연습한다.

아이가 옹알이를 시작했다고 해서 무슨 말을 하는지 이해하려고 안달할 필요는 없다. 늘 자기 말을 들어달라고 떼쓰는 모습도 일종의 지배적 성향의 발현이므로, 아이에게 꼭 필요한 것만 세심하게 챙기고 그 외에는 스스로 표현하게 해야 한다. 억지로 말문을 틔우려 성급하게 굴면 일을 그르친다. 아이가 스스로 말이 필요하다고 느낄 때 저절로 말하게 될 것이다.

물론 말을 늦게 시작한 아이들이 또래보다 발음이 또렷하지 못한 경우는 많다. 그러나 이는 발성 기관이 덜 자라서가 아니라, 미숙한 발성 기관 때문에 언어 발달이 늦어진 결과다. 아이가 말이 늦다는 사실을 부모가 눈치 채면 불안에 휩싸여 더 초조하게 반응한다. 그러다 보니 아이에게 억지로 옹알이라도 시키려 하지만 잘못된 방식으로 조급하게 굴면 오히려 언어가 더 어눌해질 뿐이다. 참을성을 갖고 기다려주었다면 아이는 더 유창하게 말을 익혔을 것이다.

일찍 말하도록 몰아붙인 아이는 발음을 익힐 시간도, 단어의 뜻을 이해할 여유도 갖지 못한다. 반대로, 스스로 알아서 하도록 내버려두면 아이는 발음하기 쉬운 음절부터 연습하며 몸짓을 곁들여 의미를 표현한다. 이렇게 아이는 단순히 흉내 내거나 외우는 것이 아니라, 어른의 말을 듣고 뜻을 이해한 후 자기 것으로 만든다. 말을 강요하지 않으면 아이는 먼저 어른이 어떤 의미로 단어를 쓰는지 살피고, 정확히 이해한 뒤에야 자기 말로 흡수한다.

아직 말할 시기가 아닌데 재촉하면 가장 큰 폐해는, 아이가 말의 뜻을 알지 못한 채 따라 하고, 어른은 그 말을 제대로 알아듣지 못하는 상황이 벌어진다는 점이다. 겉보기에 아이가 정확히 답하는 것 같지만, 사실은 서로 다른 의미로 대화하는 착각이 일어나는 것이다.

아이의 말에 어른들이 제멋대로 해석을 덧씌우는 무신경한 태도는 아이가 단어를 잘못 사용하는 원인이 된다. 이는 나중에 바로잡는다 해도 사고방식 전반에 긴 흔적을 남긴다. 그러므로 아이가 접하는 어휘의 범위는 가능한 한 제한해야 한다. 개념이 자리 잡기 전에 단어만 쌓이면 사고력은 부족한데 말만 많아진다.

나는 시골 사람들이 도시에 사는 이들보다 올바른 판단을 내리는 경우가 많다고 생각한다. 여러 이유가 있겠지만, 시골에서 사용하는 단어가 상대적으로 더 적기 때문일지도 모른다. 생각의 폭은 좁지만, 생각을 비교하는 능력은 탁월한 것이다.

 유아기의 초기 발달은 거의 동시에 일어난다. 아이는 거의 같은 시기에 말하고, 먹고, 걷는 법을 배운다. 엄밀히 말해 이때가 아이 인생의 진정한 첫 번째 시기다. 그 이전까지는 어머니의 뱃속에 있을 때와 다를 바 없는 존재일 뿐이다. 감정도 없고, 생각도 없다. 감각조차도 둔하다. 자신의 존재조차 느끼지 못한다. 아이는 살아있지만 정작 자신이 살아있다는 사실조차 알지 못한다.

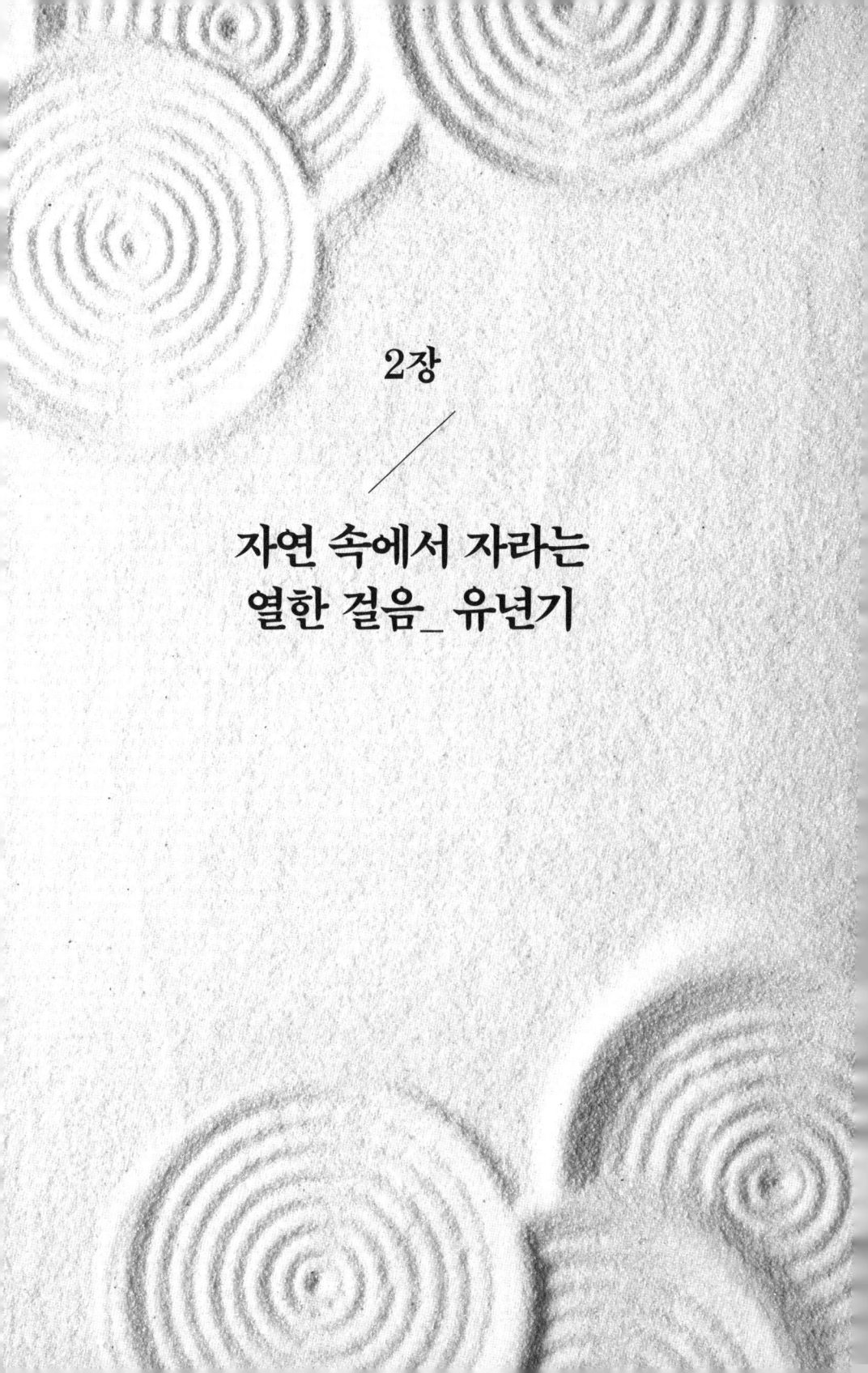

2장

자연 속에서 자라는
열한 걸음_ 유년기

○

○

○

루소는 이 장에서 유년기의 핵심 과업을 다룬다. 유년기는 아이가 두 살을 지난 뒤부터 열두 살 무렵까지 이어지는 시기다. 이때 아이는 울음 대신 말을 배우고, 몸을 단련하며, 스스로 움직이고 배우려는 힘을 키운다. 유년기 학습의 초점은 지식을 조기에 주입하는 것이 아니라 놀이와 경험, 반복되는 활동 속에서 기초를 다지는 데 있다. 교육자의 역할은 훈계나 설득이 아니라 환경을 마련하고 경험을 설계하는 것이다. 아이가 자신의 힘을 시험하고 감각을 단련할 수 있도록 지켜봐야 한다. 무리하게 이성을 앞당겨 요구하지 말고, 자연이 정한 순서에 따라 아이를 자유롭게 성장시키는 것! 바로 이것이 루소가 강조하는 유년기 교육의 본질이다.

울음에서 말로,
고통에서 용기로

❖ 울음에 반응하지 말고, 말할 때 다가가라

이제부터 인생의 두 번째 시기다. 더 정확히 말하면 유아기가 끝나는 시점이다. 라틴어로 각각 유아기와 유년기를 의미하는 단어 infans와 puer는 서로 다른 발달 단계를 가리킨다. 유아기 infans는 유년기 puer 안에 속하는 개념이며, 어원을 따져보면 '말을 하지 못하는 존재'를 뜻한다. 발레리우스 막시무스의 저작에서도 '말을 못하는 아이 puerum infantem'이라는 표현을 찾아볼 수 있다. 이 책에서도 프랑스어 관습에 따라, 아이가 더 자라 새로운 명칭으로 불릴 때까지는 puer라는 단어를 사용하겠다.

아이가 말을 하기 시작하면 울음은 줄어든다. 이는 자연스러운 흐름이다. 말이 울음을 대신하는 것이다. 아이가 고통을 말로 전할 수 있게 되면 굳이 울 필요가 없다. 물론 고통이 극심해 말로 표현할 수 없는 경우는 예외다. 그런데도 계속 운다면 문제는 아이가 아니라 어른에게 있다. 에밀이 아플 때 "아파요"라고 말하기 시작한 순간부터는, 큰 고통이 아니면 울 일이 거의 없을 것이다.

아이가 섬세하고 예민해 사소한 일에도 쉽게 운다면, 울어도 아무 소용이 없다는 사실을 깨닫게 해야 한다. 나는 아이가 우는 동안에는 반응하지 않는다. 그러나 울음을 멈추고 마음을 가라앉히면 곧바로 다가간다. 머지않아 아이는 울음 대신 조용히 기다리거나 짧게 울고 멈춰야 관심을 끌 수 있다는 사실을 배우게 된다. 아이는 다양한 표현을 시도하며 언제 어떻게 써야 하는지를 경험을 통해 익힌다. 언어 관습에 물들지 않은 아이는 오직 경험으로 언어를 배운다. 그래서 다치더라도 혼자 있을 때는 좀처럼 울지 않는다. 들어줄 사람이 없다면 울 이유가 없기 때문이다.

✤ 작은 통증으로 용기를 기르게 하라

만약 아이가 넘어지거나 머리에 혹이 생기거나, 코피를 흘리거나 손가락을 베었다면, 걱정스러운 얼굴로 부산스럽게 호들갑을 떨기보다 차분히 상황을 정리해주어야 한다. 상처는 이미 생겼고, 아이는 고통을 견딜 수밖에 없다. 어른이 허둥지둥 다가가면 오히려 아이를 겁먹게 하고 예민하게 만들 뿐이다. 실제로는 상처 자체보다, 상처를 보고 놀라며 생긴 두려움이 아이에게 더 큰 고통을 준다. 그러므로 교육자는 아이가 불안해하지 않도록 차분히 반응해야 한다.

아이는 교육자의 태도를 보고 자신의 상처가 얼마나 심한지 가늠한다. 교육자가 걱정스러운 얼굴로 달래면 아이는 크게 다쳤다고 지레 겁먹지만, 교육자가 침착함을 유지하면 곧 평정을 되찾고 통증이 사라지는 순간 상처가 나았다고 여긴다. 바로 이 시기에 아이는 용기를 배우기 시작한다. 가벼운 고통을 두려움 없이 견디는 경험을 통해 점차 더 큰 고통도 감내할 수 있는 힘을 기른다.

나는 에밀의 몸에 작은 상처 하나 나지 않도록 신경을 곤두세우지 않는다. 오히려 단 한 번도 다쳐본 적 없이 고통을 모른 채 자란다면 안타깝다고 여긴다. 아이는 고통을 견디는 법을 가장 먼저 배워야 한다. 앞으로 살아가면서 가장 절실히 필요한 자질이기 때문이다. 아이들이 작고 약하게 태어나는 것은, 어른이 되어 돌이킬 수 없는 큰 위험을 겪기 전에 작은 위험 속에서 중요한 교훈을 배우도록 한 자연의 배려일 수 있다.

아이는 높은 곳에서 떨어져도 다리가 쉽게 부러지지 않고, 막대기를 휘둘러도 팔이 크게 다치지 않는다. 날카로운 쇠붙이를 잡아도 손힘이 약해 깊게 베이는 일은 드물다. 내가 아는 한, 아이를 자유롭게 움직이게 두었다고 해서 죽거나 불구가 되거나 심각한 부상을 입은 경우는 없다. 물론 높은 곳에 무책임하게 방치하거나, 불 옆에 혼자 두거나, 위험한 도구를 손닿는 곳에 두는 것은 보호자의 과실이다. 그러나 아이를 고통에서 지켜주겠다며 머리부터 발끝까지 보호 장비로 무장시키는 모습은 안타깝다. 그렇게 자라면 어른이 되어 용기도 없고 경험도 부족해 고통 앞에서 쉽게 무너진다. 작은 통증에도 엄살을 부리고, 피 몇 방울에도 기절하기 십상이다.

❖ 과보호하지 말고, 자유 속에서 강하게 키워라

아이가 걸음을 떼기 시작하면 부모는 포장된 길에서만 붙들고 걷게 한다. 그러나 아이를 매일 들판으로 데려가 마음껏 달리고 뛰놀게 해야 한다. 하루에 백 번을 넘어져도 괜찮다. 오히려 좋다. 그럴수록 아이는 더 빨리 스스로 일어나는 법을 배운다.

자유 속에서 얻는 건강은 웬만한 상처쯤은 충분히 보상한다. 내 제자는 몸에 멍이 자주 들겠지만, 마음만은 늘 명랑하고 즐겁다. 반대로 과보호 속에 자란 아이는 상처는 적을지 몰라도 늘 억눌리고 우울하다. 어떤 방식이 진정으로 아이를 위하는 것인지 되묻게 된다.

아이의 또 다른 발달 과정은 울음이 줄고, 스스로 할 수 있는 일이 늘어나는 데서 나타난다. 이는 신체적 힘이 붙기 시작했다는 증거다. 힘이 강해질수록 그 힘을 조절할 수 있는 인지 능력도 함께 발달한다. 이 두 번째 단계부터 아이 자신의 삶이 본격적으로 시작된다. 이때 아이는 비로소 '나'라는 존재를 자각한다.

기억은 자기 동일성에 대한 감각을 삶의 모든 순간으로 확장시킨다. 그리하여 아이는 동일한 '나'로 거듭나며, 이제 행복도, 불행도 자신의 일로 느낄 수 있게 된다. 그러므로 이 시점부터는 아이를 단순한 생명체가 아니라 하나의 도덕적 존재로 대해야 한다.

억누르는 권위 대신
자연의 법칙으로 가르쳐라

✤ 아이를 권위가 아니라 자연에 맡겨야 한다

사람이 아니라 자연에 아이를 맡겨야 교육이 자연의 질서에 따라 이루어진다. 아이가 충동적으로 행동해 통제가 어렵더라도 훈계하거나 주의를 주기보다, 물리적 제약을 두거나 그 행동의 결과를 직접 경험하게 해야 한다. 이후 비슷한 상황을 마주했을 때 아이가 그 경험을 떠올릴 수 있다면 충분하다.

잘못된 행동을 억지로 막으려고 호통을 칠 필요도 없다. 실제로 불가능하게 만들면 그만이다. 아이는 오직 경험을 통해 배우고, 자신의 한계를 깨닫는 과정을 거쳐 스스로 법칙을 세워야 한다. 따라서 아이의 요구라고 해서 무조건 들어주는 것이 아니라, 정말 필요할 때만 허락하는 것이 옳다.

아이의 행동은 복종이 아니라 자율적 의지의 표현이다. 타인의 도움은 복종의 증거가 아니라 기꺼이 베푼 호의다. 아이는 스스로 행동할 때도, 어른이 대신 도와줄 때도, 언제나 자유를 느껴야 한다. 부족한 힘을 보완해줄 때는 아이가 자유롭게 움직일 수 있을 만큼만 돕는 것이 바람직하다.

과도한 보호는 아이를 오만하게 만든다. 아이가 도움을 받을 때마다 민망함을 느끼게 하고, 어른에게 기대지 않고 스스로 해냈음을 자랑할 수 있는 순간을 기다리게 해야 한다.

❖ 자유를 주되 욕망은 절제시켜야 한다

자연은 인간의 몸을 튼튼하게 만들고 성장시키기 위해 고유한 방식을 사용한다. 이 흐름을 결코 거슬러서는 안 된다. 아이가 움직이고 싶어 할 때 억지로 자리에 붙잡아두거나, 반대로 쉬고 싶어 하는데 억지로 움직이게 해서는 안 된다. 아이의 의지가 어른의 간섭으로 흐트러지지 않았다면, 아이는 결코 쓸데없는 것을 바라지 않는다. 아이가 뛰고, 달리고, 소리 지르고 싶어 한다면 그대로 두어야 한다.

아이는 본성에 따라 몸을 단련한다. 그러나 자신의 힘만으로는 불가능하고 반드시 타인의 도움을 받아야만 실현할 수 있는 욕망이라면 반드시 경계해야 한다. 자연스러운 욕구와 변덕스러운 욕망은 분명히 다르므로 구분해야 한다.

아이가 이것저것 갖고 싶다고 울 때 어떻게 해야 하는지는 이미 앞에서 언급했다. 여기서는 단지 한 가지를 덧붙이고자 한다. 아이가 바람을 말로 표현할 수 있는데도 그것을 더 빨리 이루거나 부탁을 거절하기 어렵게 만들기 위해 일부러 눈물을 짜낸다면, 그 요구는 다시는 입 밖에 내지 못하도록 단호히 거절해야 한다.

아이가 본능적 욕구를 해소하기 위해 말로 도움을 요청한다면 즉시 들어주어야 한다. 그러나 눈물에 무조건 져주면 오히려 더 자주 울도록 부추기는 셈이다. 그러다 보면 아이는 타인의 진심 어린 호의까지 의심하게 되고, 따뜻한 배려를 기대하기보다 떼를 쓰는 것이 더 효과적이라고 믿게 된다.

아이는 상대가 믿을 만한 사람이 아니라고 판단하면 금세 난폭하게 변할 수 있다. 상대를 나약한 사람으로 인식하면 고집을 부릴지도 모른다. 따라서 결국 거절하지 않을 일이라면, 처음 요구했을 때 곧바로 들어주는 편이 낫다. 거절을 남발해서도 안 되지만, 한 번 거절한 일은 절대 번복하지 말아야 한다.

지나치게 엄격하거나 무조건적으로 관대한 태도는 모두 피해야 한다. 아이가 괴로워하는데도 모른 척 방임하면 건강과 생명을 위협할 수 있고, 그 순간 아이는 비참한 감정에 휩싸인다. 반대로 어떤 불편도 겪지 않도록 사사건건 간섭하면, 아이는 대비 없이 어른이 되어 더 큰 고통을 겪게 된다.

부모의 지나친 애정은 아이를 예민하고 나약하게 만든다. 인위적으로 고통을 피하게 해도, 결국 현실은 보호의 벽을 무너뜨린다. 자연이 예비해둔 몇 안 되는 시련을 모두 피하게 하려다, 오히려 의도하지 않은 고통을 아이 스스로 짊어지게 만든다.

어쩌면 내가 앞에서 비난했던 나쁜 아버지들과 다를 바 없다고 반박할 수도 있다. 실제로 일어나지 않을지도 모르는 미래를 대비한다는 명분 아래 아이의 행복을 희생시킨다고 말이다. 그러나 결코 그렇지 않다. 나는 제자 에밀에게 자유를 허용하며, 의도적으로 겪게 한 작은 불편에 대해 충분히 보상한다.

✤ 작은 고통이 큰 행복을 준비한다

눈 위에서 뛰노는 아이들을 본 적이 있다. 추위에 얼굴이 퍼렇게 질리고 손가락조차 제대로 움직이지 못할 만큼 얼어붙어도 작은 개구쟁이들은 멈추지 않는다. 원하면 언제든 따뜻한 곳으로 가 몸을 녹일 수 있지만, 당장은 그럴 생각이 없다. 오히려 억지로 데려가려 하면 아이들은 혹한의 추위보다 끌려가는 상황 자체를 더 큰 고통으로 받아들인다.

그렇다면 무엇이 문제인가? 나는 그저 아이가 스스로 기꺼이 감당하려는 불편을 경험하도록 두었을 뿐인데, 그것이 아이를 불행하게 만든다는 말인가?

나는 아이가 지금 이 순간을 온전히 누릴 수 있도록 자유를 보장한다. 동시에 앞으로 마주할 고통을 견딜 수 있도록 단련시켜 행복한 미래 또한 지켜낸다. 아이에게 스승을 선택할 권한이 있다면 단 한순간이라도 망설일까? 분명 내 제자가 되려 할 것이다.

그 어떤 존재든 본성을 거스르며 진정한 행복을 얻을 수는 없다. 인간이라면 반드시 겪어야 할 시련을 무조건 막아서는 시도야말로 아이를 본성에서 벗어나게 만드는 일이다. 그렇다. 나는 입장을 분명히 밝히겠다. 큰 행복을 위해서는 작은 고통을 경험해야 한다. 이것이 인간의 본성이다.

육체가 지나치게 편안하면 정신은 쉽게 타락한다. 고통을 모르는 인간은 따뜻한 마음도, 연민도 알지 못한다. 그의 마음은 감동하지 않고 타인의 감정에 공감하지 못하며, 결국 사람들 사이에서 괴물로 여겨질 것이다.

　아이를 불행하게 만드는 가장 확실한 방법은 무엇일까? 그 방법은 간단하다. 아이가 원하는 것은 무엇이든 들어주고, 요구하기만 하면 손에 넣을 수 있다고 믿게 만드는 것이다. 하지만 욕망은 쉽게 충족될수록 끊임없이 커진다. 결국 언젠가 보호자의 능력을 넘어서는 요구가 나오면 거절할 수밖에 없고, 거절에 익숙지 못한 아이는 원하는 것을 얻지 못한 사실보다 '거절당했다'는 사실 자체에 더 큰 고통을 느낀다.

　처음에는 당신이 들고 있는 지팡이에 손을 뻗고, 곧 시계를 탐낼 것이다. 다음에는 날아가는 새를 잡아 달라 조르고, 별을 따달라 할 것이다. 눈에 보이는 것은 무엇이든 가지려 하겠지만, 신이 아닌 이상 만족시킬 방법은 없다.

　인간은 손에 들어온 것은 곧 자신의 소유라 믿는 성향이 있다. 이 점에서 홉스의 원칙은 옳다. 욕망이 커지는데 수단까지 늘어나면 누구든 거리낌 없이 원하는 것을 차지하려 들 것이다. 그러므로 원하기만 하면 무엇이든 가질 수 있다고 믿는 아이는 결국 자신이 세상의 주인이라고 착각한다. 모든 사람을 종처럼 여기고, 자신의 요구가 거절되면 그것을 반역으로 받아들인다. 아직 이성이 미숙한 나이이므로 어떤 설명도 핑계로 치부한다.

아이는 세상 모두가 자신을 억누른다고 느끼며, 억울함에 사로잡혀 성격은 날카로워지고 마침내 세상을 증오한다. 호의에도 감사할 줄 모르고, 반대에 부딪히면 곧장 격분해 받아친다. 이토록 분노에 휘둘리고 불같은 성정을 주체하지 못하는 아이가 과연 행복할 수 있을까? 아니다. 이 아이는 폭군이자 동시에 세상에서 가장 비참한 존재일 뿐이다.

욕망이 너무 쉽게 충족되면 만족을 모른다. 아이는 점점 실현 불가능한 욕망에 매달리며 모순과 장애물, 고통 속에 산다. 늘 윽박지르고 반항하며 화내고 불평한다. 이런 아이가 어떻게 행복할 수 있겠는가.

나약함과 지배욕이 결합하면 오직 광기와 불행만 낳는다. 버릇없이 자란 두 아이가 있다. 한 아이는 식탁을 쾅쾅 치고, 다른 아이는 채찍으로 바다를 후려치며 벌을 줘야 한다고 억지 부린다. 저 아이들이 만족하려면 앞으로도 끝없이 두들기고 때려야 할 것이다.

지배와 횡포가 아이를 어릴 때부터 불행하게 만든다면, 아이가 자라 관계를 넓히고 세상을 확장할 때 어떻게 될까? 모든 것이 굴복하는 세상에서 살다가 사회에 나와 아무도 굽히지 않는 현실을 마주하면 충격은 이루 말할 수 없다. 자신이 세상을 움직일 수 있다고 믿었는데, 오히려 세상이 자신을 짓누른다는 사실을 깨닫는 순간 아이가 느낄 혼란은 얼마나 클까.

거만함과 자만심은 결국 굴욕과 멸시, 조롱을 불러온다. 모욕 속에서 아이는 냉혹한 진실을 깨닫는다. 자신이 전능한 존재가 아니라는 사실을 알게 된 순간, 아이는 이제 아무것도 할 수 없다고 체념해버린다. 처음 겪는 수많은 장애물 앞에서 주눅 들고, 잇따른 멸시에 무너진다. 점점 더 겁이 많아지고 비굴해지며, 결국 한때 자신을 지나치게 높였던 만큼 가장 낮은 밑바닥으로 추락한다.

어린 시절만 놓고 보면, 세상에 아이보다 더 연약하고 쉽게 흔들리는 존재는 없다. 아이의 순한 인상과 표정이 마음을 흔드는 것도, 주변 모두가 아이를 돕게 만드는 자연의 장치일 것이다. 그런데 아이가 거만한 태도로 제멋대로 굴며 생명줄을 쥔 사람들에게 주인 행세를 한다면, 이보다 더 자연의 질서를 거스르는 일은 없다.

또 한편으로 생각하면, 어린 시절의 연약함은 이미 수많은 방식으로 아이를 억압한다. 이런 상황에서 어른이 복종을 강요한다면 너무 잔인하지 않은가? 아이에게 남은 자유는 많지 않은데, 혹시나 제멋대로 행동할까 걱정하며 그것마저 빼앗는다면 무슨 의미가 있겠는가? 아이에게도, 우리에게도 도움이 되지 않는다. 거만한 아이만큼 비웃음을 사는 존재는 없고, 겁에 질린 아이만큼 가엾은 존재도 없다.

❖ 이성과 도덕을 서두르면 안 된다

나이를 먹을수록 이성이 자라고, 사람은 시민으로서 사회에 예속된다. 그런데 왜 그 이전부터 가정에서 미리 복종을 가르치며 아이를 길들이려 하는가?

 자연이 씌우지 않은 멍에라면 인생의 한 시기만이라도 속박에서 벗어나 살 수 있도록 허락하자. 어린 시절만큼은 자연이 준 자유를 마음껏 누리게 하라. 그러면 적어도 한동안은 복종과 함께 배우는 온갖 악습에 물드는 시기를 늦출 수 있다.

 엄격한 교사들, 아이에게 휘둘리는 아버지들. 이들이 한꺼번에 몰려온다 한들 겉도는 반박 말고 무엇을 더 할 수 있겠는가? 자기 방식이 옳다고 떠들기 전에 먼저 자연이 아이를 어떻게 가르치는지 차분히 관찰해야 한다.

 이제 앞서 세운 원칙들을 어떻게 적용할지 고민할 차례다. 아이가 단지 원한다는 이유만으로 뭔가를 쥐여주어서는 안 된다. 정말 필요할 때만 얻을 수 있다는 사실을 깨닫게 해야 한다.

대부분의 고통이 불가피한 것처럼 때로는 기쁨도 필요하다는 사실을 인식해야 한다. 그러므로 아이의 욕구 중 단 하나, 결코 들어주어선 안 되는 것이 있다면 '복종시키려는 욕구'다. 따라서 아이가 무엇인가를 요구할 때는 요구 자체보다 그 동기에 주의를 기울여야 한다. 아이에게 진정한 즐거움을 줄 수 있는 것이라면 가능한 한 허용하되, 단순한 변덕이나 권위를 행사하려는 의도에서 비롯된 요구는 반드시 거절해야 한다.

또한 타인의 말에 복종해 마지못해 내키지 않는 일을 하게 해서는 안 되고, 오직 자신의 필요에 따라 스스로 움직이도록 지도가 필요하다. 그러므로 아이의 머릿속에서 '복종'과 '명령'은 지워야 한다. 하물며 '의무'와 '강제'는 더욱 금기다. 반면 '힘' '필요' '무력함' '제약'과 같은 개념은 아이가 세상을 이해하기 위한 기준이 되어야 한다.

이성이 생기기 전이라면 아이는 도덕적 존재나 사회적 관계를 이해할 수 없다. 따라서 그 개념들을 서둘러 말로 주입하지 말라. 처음부터 잘못된 개념이 새겨지면, 나중에는 바로잡을 길을 찾지 못하고, 아예 되돌릴 수도 없다. 머릿속에 처음 자리 잡은 왜곡은 곧 탈선과 타락의 씨앗이 된다. 그러므로 교육의 첫걸음을 무엇보다 신중히 살펴야 한다.

아이가 감각적 자극에만 반응하는 단계라면, 아이의 모든 생각이 감각에 머무를 수 있게 유도하고, 어디에서나 물리적 세계를 먼저 인식할 수 있도록 환경을 조성해야 한다. 그렇지 않으면 아이는 누구의 말도 귀담아듣지 않고, 도덕적 세계에 대한 설명도 허구적 상상으로 제멋대로 해석할 수 있다. 이렇게 잘못 형성된 개념은 평생 지워지지 않을 수도 있다.

로크는 '아이와 이성적으로 대화하라'를 가장 중요한 교육 지침으로 삼았다. 오늘날 가장 유행하는 방식이다. 하지만 인기가 많다고 해서 곧 정답은 아니다. 날마다 이성적 대화를 반복했다고 자부하지만, 정작 그렇게 자란 아이가 더 어리석은 경우를 나는 적지 않게 보았다.

인간의 여러 능력 가운데 이성은 다른 능력들이 결합되어 생겨나는 고도의 정신 활동, 즉 발달의 최종 단계다. 그런데 사람들은 나머지를 끌어올리기 위해 이성을 이용하려 든다. 훌륭한 교육의 최고의 성과는 '이성적인 인간'을 길러내는 것이다. 그럼에도 이성으로 아이를 가르치겠다는 것은 목적지에서 거꾸로 출발하겠다는 말과 같다. 아직 완성되지도 않은 이성을 교육의 도구로 쓰겠다는 궤변이다.

아이가 이성적 대화를 이해할 수 있었다면 애초에 교육이 필요 없었을 것이다. 그런데 현실에서는 알아듣지 못하는 말을 일찍부터 주입한다. 그 결과 아이는 겉만 번지르르한 말을 진리로 착각하고, 무엇이든 따지고, 어른만큼 현명하다고 착각하며, 말싸움과 반항에 익숙해진다. 게다가 이성을 자극해 무엇인가를 끌어내려 해도 실제로는 욕망이나 두려움, 허영을 건드리지 않고는 효과가 없다. 따라서 결국 그런 감정들을 끼워 넣게 된다.

아래의 말장난 같은 대화는 지금까지 해왔고 앞으로도 반복될, 거의 모든 도덕 교육의 민낯을 드러낸다.

선생: 그건 하면 안 된다.

아이: 왜 하면 안 되는데요?

선생: 그건 나쁜 짓이니까.

아이: 나쁜 짓이라뇨? 뭐가 나쁜 건데요?

선생: 하지 말라고 했는데 했으니까 나쁜 거지.

아이: 하지 말라고 한 일을 하는 게 왜 나쁜 건데요?

선생: 말을 듣지 않았으니 벌을 주는 거다.

아이: 그러면 아무도 모르게 하면 되잖아요.

선생: 누가 지켜볼 거다.

아이: 그러면 몰래 숨어서 하면 되죠.

선생: 누군가 물어볼 거다.

   아이: 그러면 거짓말하면 되죠.

   선생: 거짓말을 하면 안 되지.

   아이: 왜 거짓말을 하면 안 되는데요?

   선생: 거짓말도 나쁜 짓이니까…(계속)

 이렇듯 결국 도돌이표다. 여기에서 벗어나야 한다. 어차피 아이는 더 이상 들을 생각이 없다. 이런 대화가 과연 교육적으로 유익한가? 지리멸렬한 말장난으로 무엇을 가르칠 수 있단 말인가. 로크조차 저런 상황 앞에서는 난처했을 것이다. 아이에게 선과 악, 도덕적 의무의 이유를 이해시키겠다는 기대는 과도하다.

 자연은 아이가 인간이 되기 전에 먼저 아이로서의 삶을 충분히 누리길 원한다. 이 순리를 거스르려 한다면 정상 시기보다 앞당겨 열매를 수확하는 것과 같다. 그 열매는 익지 않았고, 맛도 없으며, 더 빨리 썩을 것이다. 결국 어설픈 '애늙은이'만 양산한다.

 어린 시절에는 그 나이만의 방식으로 보고, 생각하고, 느낀다. 그 방식을 억지로 어른의 방식으로 바꾸려는 것은 가장 비상식적인 일이다. 곰곰이 생각해보면 그 나이에 이성이 무슨 쓸모인가. 이성은 힘을 제어하는 제동 장치이니, 아직 필요하지 않다.

아이에게 복종의 의무를 설득한다고 주장하지만, 실제로 그 '설득'은 강제와 협박을 수반한다. 더 나쁜 것은 입발림과 보상으로 꾀는 방식이다. 요컨대 눈앞의 유혹이나 강제에 이끌린 아이는 이성적으로 설득된 듯 행동할 뿐이다. 눈치 빠른 아이는 어른이 자신의 행동을 복종으로 보는지, 반항으로 보는지 금세 계산한다. '지금 복종하면 이득, 반항하면 손해'라는 결론에 이른다.

우리는 아이가 불쾌해할 만한 요구는 하지 않는다고 생각하지만, 타인의 뜻에 따라 행동하는 것은 언제나 고통스럽다. 결국 아이는 뜻을 관철하기 위해 몰래 일을 해치우고, 들키지 않으면 문제없다고 스스로를 설득한다. 들키면 더 큰 벌을 두려워해 재빨리 잘못을 인정하는 척한다.

아이가 그 나이에 도덕적 의무를 제대로 이해하기는 어렵다. 세상 누구도 아이에게 도덕이라는 개념을 진정으로 깨닫게 하지는 못한다. 그러나 아이는 처벌이 두려워서, 용서를 기대해서, 끈질긴 추궁에 지쳐서, 혹은 답을 몰라서 속으로는 내키지 않지만 어른이 바라는 대로 잘못을 인정한다. 어른은 설득에 성공했다고 착각하지만 실제로는 지치게 만들었거나 겁을 준 것뿐이다.

그 결과는 분명하다. 첫째, 아이가 받아들이지 못할 의무를 강요하면 강압에 대한 반감이 커지고 사랑을 믿지 않게 된다. 둘째,

보상을 얻거나 벌을 피하려고 숨기고 속이고 거짓말하는 법을 배운다. 셋째, 속마음과 다른 그럴듯한 이유를 겉으로 내세우는 데 익숙해지면, 계속 기만해도 괜찮다는 신호를 주게 된다. 그러면 아이의 진짜 성격은 가려지고, 실속 없는 번지르르한 말만 내뱉는 존재로 자란다.

　법도 기본적으로는 개인의 양심에 의지하지만 실제로는 강제력을 행사한다는 반박이 있을 수 있다. 맞다. 그러나 그런 강제력이 필요한 성인이라면 이미 실패한 교육의 결과일 가능성이 크다. 그런 상황이 일어나지 않도록 막는 것이 교육의 목표다. 어린 시절에는 물리적 한계를 통해 세상을 이해하게 하고, 성인이 되면 이성으로 스스로를 제어하도록 가르쳐라. 이것이 자연의 순리다. 지혜로운 이는 법 없이도 산다.

✤ 교육은 자연의 법칙으로 이루어져야 한다

제자는 그 나이에 맞게 다뤄야 한다. 우선 자신이 어떤 위치에 있는지 분명히 인식하게 돕고, 그 자리를 벗어나고 싶다는 생각이 들지 않도록 뿌리내리게 해야 한다. 그러면 지혜가 무엇인지 알기도 전에 아이는 지혜의 중요한 교훈을 몸으로 익히게 될 것이다.

아이에게 절대로 아무것도 명령해선 안 된다. 예외 없이, 명령을 통한 교육은 배제해야 한다. 또한 아이의 머릿속에 누군가 자신을 억누르려 한다는 의심이 싹트지 않도록 주의해야 한다. 그러려면 권위적인 태도를 피해야 한다.

단, 아이가 자신은 약하고 어른은 강하다는 사실, 그래서 어쩔 수 없이 어른에게 의지할 수밖에 없다는 현실은 반드시 인정하게 해야 한다. 이 사실을 깨닫고 배우며 몸으로 느끼게 해야 한다.

콧대 높은 아이라면 가능한 한 어릴 때 자연의 필연성을 이해하게 해야 한다. 자연이 인간에게 채워둔 '필연'이라는 족쇄가 자신의 발목에도 달려 있고, 유한한 존재는 이 족쇄를 끊어내지 못한 채 결국 무릎 꿇을 수밖에 없다는 한계를 받아들이게 해야 한다.

아이에게 억제력을 주는 것은 권위가 아니라 자연의 힘이어야 한다. 하지 말아야 할 일을 굳이 명령하지 말고, 애초에 불가능하게 만들어야 한다. 반대로 허락할 일이라면 아이가 요구하기도 전에 곧바로 허용하는 것이 바람직하다.

허락은 기꺼이, 거절은 신중히! 특히 한 번 거절한 일은 절대 번복하지 말아야 한다. 아이가 다섯 번, 여섯 번 전력을 다해도 흔들리지 않는 단단한 벽처럼 "안 돼"를 경험하게 해야 한다. 그래야 더 이상 억지를 부리지 않는다.

이런 방식으로 교육하면, 아이는 원하는 것을 얻지 못했을 때에도 인내심을 갖고 평정심을 유지하며 현실을 받아들이는 사람으로 자라날 수 있다. 인간은 본래 타인의 악의에는 쉽게 분노하지만, 자연의 필연적 흐름 앞에서는 순응하는 존재이기 때문이다.

"이제 더는 없어." 이 말만큼 아이의 반항을 불러일으키지 않는 대답도 없다. 단, 이 말을 거짓으로 의심하지 않아야 가능하다. 여기에 타협은 없다. 아무것도 요구하지 않게 하든가, 아니면 처음부터 복종시키든가 둘 중 하나다. 그러나 우위를 두고 끊임없이 힘겨루기를 하느니, 차라리 아이에게 주도권을 쥐게 두는 편이 낫다.

사람들이 교육이라며 내세운 수단은 경쟁심, 질투, 시기, 허영, 탐욕, 두려움뿐이었다. 이 감정들은 가장 위험하고, 가장 쉽게 들끓으며, 아이의 몸이 완성되기도 전에 영혼부터 타락시킨다. 아이의 머리에 너무 일찍 가르침을 주입하는 순간, 악의 씨앗이 심긴다. 어리석은 교육자들은 이를 선을 가르친다고 착각하며 자화자찬한다. 그러고는 근엄한 얼굴로 말한다. "인간이란 원래 그렇다." 맞다. 그러나 그들이 그렇게 만들어놓은 인간이라면.

이제까지 교육 수단은 다 써보았다. 단 하나, 효과적인 방법만 빠졌다. 바로 그것은 '잘 조율된 자유'다. 아이를 자신이 원하는 방향으로 자연스럽게 이끌지 못하는 사람은 교육에 나서서는 안 된다. 교육자라면 자연의 법칙만으로 아이를 가르칠 수 있어야 한다.

아이는 아직 가능과 불가능을 분간하지 못한다. 그래서 어른은 아이를 둘러싼 가능성의 범위를 넓히거나 좁힌다. 그러나 '필연'이라는 끈으로 묶어두면 아이는 불평하지 않는다. 사물의 힘, 즉 자연이 주는 조건만으로 아이는 유연하게 순응한다. 이 과정에서는 어떤 악도 싹틀 수 없다. 욕망은 실현 가능성이 전혀 없는 상황에서는 날뛰지 않기 때문이다.

아이에게 말로 훈계해도 소용없다. 아이는 오직 경험으로 배운다. 체벌 역시 금지다. 아이는 '잘못했다'는 것이 무엇인지 알지 못한다. 사과를 요구하는 것도 마찬가지다. 아이의 행동에는 아직 도덕성 자체가 존재하지 않기 때문이다. 따라서 도덕적으로 잘못했다는 개념이 성립하지 않으며, 벌이나 꾸지람을 받을 이유도 없다.

자연의 선한 충동을
지켜주는 환경

❖ 아이의 본성은 선하므로 환경이 스승이 되어야 한다

의심의 여지없는 확고한 원칙이 하나 있다. 자연이 처음 불러일으키는 충동은 언제나 올바르다. 인간은 본래 사악한 마음을 가지고 태어나지 않는다. 그러므로 어떤 악이든, 그것이 어떤 경로를 통해 생겨났는지 설명할 수 없는 경우는 없다.

 인간이 자연적으로 타고나는 유일한 감정은 자기 자신을 사랑하는 마음이다. 더 넓게는 자존심이라 부를 수도 있다. 자존심은 본래 선하고 유익하며, 도덕적으로 중립적이다. 즉 이 감정을 어떻게 사용하고, 어떤 관계 속에 두느냐에 따라 선하거나 악하게 변할 뿐이다.

자존심의 안내자인 이성이 생겨날 때까지는 아이가 타인의 시선이나 평가 때문에 행동하는 일이 없도록 지도해야 한다. 타인과의 관계를 의식한 행동은 그 어떤 것도 금지다. 아이가 오직 자연이 요구하는 대로만 움직이게 해야 한다. 그러면 아이는 선한 행동만 하게 될 것이다.

그렇다고 해서 아이가 절대로 사고를 치지 않을 것이라고 기대해선 안 된다. 아이의 손이 닿는 곳에 값비싼 가구가 있다면 하나쯤 부숴버릴 수도 있다. 아이가 일부러 나쁜 짓을 하려 한 것은 아니지만, 결과적으로 큰 피해를 불러올 수 있다.

잘못된 행동은 본래 타인을 해치려는 의도에서 비롯된다. 그러나 아이는 결코 그런 마음을 품지 않는다. 만약 한 번이라도 악의를 품는다면 그 순간, 이미 모든 것이 무너진다. 그때부터 아이는 돌이킬 수 없을 만큼 타락한 상태에 이른다.

어떤 행동은 인색한 눈에는 나쁘게 보일 수 있지만, 이성적 기준에서는 그렇지 않을 수도 있다. 아이가 마음껏 실수해도 문제가 생기지 않게 하려면, 실수로 값비싼 대가를 치르지 않도록 위험한 물건을 아예 곁에서 치워야 한다. 그러므로 아이 손이 닿는 곳에는 부서지기 쉬운 귀중품을 두지 말아야 한다. 아이가 머무는 공간에는 튼튼하고 투박한 가구들만 두는 것이 바람직하다. 거울,

도자기, 고급스러운 장식품은 전부 금지다.

아무리 조심해도 아이가 주변을 엉망으로 만들거나, 실용적인 물건 하나쯤은 망가뜨릴 수 있다. 그러나 그 책임을 아이에게 돌리며 벌을 주거나 나무라서는 절대 안 된다. 질책하는 말 한마디조차 아이의 귀에 들어가지 않게 하고, 속상하다는 기색도 드러내지 않아야 한다. 마치 물건이 저절로 부서진 것처럼 반응해야 한다.

마지막으로, 아이 앞에서 아무 말도 하지 않을 수 있었다면 그것만으로도 할 일을 충분히 다 해낸 셈이다.

✤ 가르치기보다 지켜주며 기다려야 한다

여기에서 감히 말해도 될까? 교육에서 가장 의미 있고 중요한 원칙을 하나 꼽자면, 시간을 앞당기려 하지 말고 오히려 느긋하게 흘러가도록 두어야 한다는 점이다. 통념에 젖은 평범한 독자들이 이 역설을 너그럽게 받아들이길 바란다.

깊이 사유하다 보면 때로는 모순에 부딪힐 수밖에 없다. 나는 편견에 사로잡힌 사람보다는 모순 속에서라도 사유하는 사람이 되겠다. 어떤 비판이 있더라도 개의치 않겠다.

인생에서 가장 위태로운 시기는 태어난 순간부터 열두 살까지다. 이 시기는 잘못된 생각과 나쁜 성향이 싹트지만, 이를 뿌리째 잘라낼 수 있는 수단은 갖추어지지 않은 시기다. 그리고 막상 그 수단을 쓸 수 있을 때가 오면 이미 뿌리가 깊숙이 내려 더는 뽑을 수 없다.

아이가 젖을 떼자마자 곧바로 이성을 갖춘 나이로 뛰어넘을 수 있다면, 흔히 하는 교육도 맞을지 모른다. 그러나 인간은 자연의 순서에 따라 서서히 성장한다. 따라서 필요한 교육은 정반대다.

아이의 정신이 미숙할 때는 어떤 활동도 서두르게 해선 안 된다. 정신의 눈이 아직 멀어 있다면, 아무리 밝은 횃불을 내밀어도 보지 못하기 때문이다. 관념이 펼쳐진 평야에서조차 이성이 그린 길은 희미한데, 하물며 아이의 눈먼 정신이 그 길을 따를 수 있겠는가.

그러므로 교육은 무엇을 가르치는 것이 아니라, 무엇을 가르치지 않는 데서 시작되어야 한다. 교육의 목적은 선이나 진리를 주입하는 것이 아니라, 마음이 악에 물들지 않게, 정신이 그릇된 생각에 빠지지 않게 지켜주는 것이다.

주교육자를 포함해 외부의 개입을 최소화한 채 아이를 열두 살까지 건강하게 기른다면 오른손과 왼손도 구별하지 못할 수 있지만, 이때부터 비로소 이성의 빛을 향해 눈을 뜨기 시작할 것이다. 어떠한 선입견도, 습관도 없어 교육의 효과를 방해할 장애물조차 존재하지 않는다. 머지않아 아이는 교육자의 지도 아래 가장 지혜로운 사람으로 자랄 수 있다. 결국 '아무것도 가르치지 않는 교육'이야말로 기적을 만든다. 기존의 관습과 정반대 길을 선택해야 한다.

아버지든, 교사든 아이를 아이답게 두지 않고 조숙한 천재로 만들려 한다. 그래서 아이가 어리면 어릴수록 더 일찍부터 꾸짖고, 훈계하고, 달래고, 보상하고, 가르치고, 이성으로 설득하려 든다. 그러나 더 나은 길은 있다. 이성적으로 행동하되, 아이와 이성적으로 따지려 들지 말아야 한다. 특히 싫어하는 일을 납득시키려 할 때는 더욱 금물이다. 늘 싫은 일에만 이성이 끌려 나오면, 아이는 이성을 지루한 것으로 여긴다. 준비되지 않은 상태에서 너무 일찍 신뢰를 잃게 되는 것이다.

아이는 '몸, 기관, 감각, 힘'을 단련해야 한다. 그러나 정신은 가능한 한 오랫동안 쉬게 두어야 한다. 판단력이 생기기 전에 감정이 앞서면 위험하다. 그러므로 판단력이 형성되기 전에는 감정을 경계해야 한다.

외부 자극은 단호히 차단해야 한다. 악을 막겠다고 조급히 선을 싹 틔우려 하면, 오히려 악의 성장을 앞당길 수 있다. 선은 이성이 빛을 비출 때에만 진정한 선이 되기 때문이다.

느려도 괜찮다. 오히려 이득이다. 어린 시절이 충분히 무르익어 지나가도록 기다려야 한다. 그 무엇도 잃지 않고 목표에 도달하는 것이야말로 가장 큰 성취다. 혹시 반드시 가르쳐야 할 것이 생겼다 해도, 오늘 당장 시작하려 하지 말라. 내일까지 미뤄도 무방하다면 반드시 내일까지 기다려야 한다.

아이마다 타고난 기질은 다르다. 따라서 도덕적 지도를 시작하기 전, 어떤 방식이 아이에게 맞는지 알기 위해서는 먼저 기질을 파악해야 한다. 아이를 다른 틀에 끼워 맞추려는 순간 교육은 실패한다.

신중한 교육자라면 자연을 오래 지켜볼 줄 알아야 한다. 아이에게 말을 건네기 전에 말없이 충분히 관찰할 수 있는 여유가 필요하다. 아이가 가진 성격의 싹이 있는 그대로 드러나도록 자유를 허락해야 한다.

어떤 방식으로든 아이를 통제해서는 안 된다. 아이에게 아무것도 가르치지 않는 이 자유의 시간이 헛되다고 느껴질 수 있다. 그러나 전혀 그렇지 않다. 오히려 교육적으로 꼭 필요한 시간이다. 이 시간을 통해 교육자는 중요한 시기에 단 한순간도 허투루 쓰지 않는 법을 배운다. 무엇을 해야 할지 모른 채 행동부터 시작하면 결국 처음으로 되돌아가야 한다. 더 침착했다면 목표에 가까워졌을 텐데, 조급해 서두른 탓에 오히려 멀어진 셈이다.

어린 시절에는 기꺼이 시간을 투자해야 한다. 조금 더 성장한 후에 몇 배의 보상으로 돌아올 것이다. 현명한 의사는 환자를 보자마자 처방하지 않고, 체질을 면밀히 관찰한 뒤 치료한다. 치료가 늦어져도 병을 고치지만, 조급한 의사는 환자를 죽게 만든다.

아이를 기계처럼 키우려면 외부 개입이 전혀 없는 공간이 필요할 것이다. 그러나 그런 곳은 없다. 아이를 달에 보내거나 무인도로 데려갈 수도 없는 노릇이다. 부모, 이웃, 유모, 가정부, 하인, 심지어 교육자까지 누구도 아이 곁에서 완전히 떼어놓을 수 없다.

게다가 교육자조차 인간인 이상 천사같이 완벽할 수 없다. 이런 반론은 충분히 설득력 있다. 그러나 내가 자연스러운 교육이 쉽다고 말한 적은 없다. 선한 일은 언제나 어렵다. 그 책임을 내게 돌릴 수는 없다.

나 역시 이 어려움을 잘 안다. 인정한다. 아마 끝내 완전히 해결하지 못할지도 모른다. 그러나 분명한 사실 하나는 있다. 조건들을 미리 관리하려는 노력이 있다면, 완벽하진 않아도 어느 정도 영향은 줄일 수 있다는 것이다.

나는 목적지를 제시할 뿐, 거기에 반드시 도달할 수 있다고 말하지 않는다. 그러나 단언컨대, 그 목적지에 가장 가까이 다가간 사람이야말로 가장 성공적인 교육을 실현한 사람이다.

✤ 교육자의 인격과 진심이 최고의 환경이 된다

한 인간을 길러내겠다는 대담한 시도를 하기 전에 반드시 명심해야 할 점이 있다. 교육자 자신이 먼저 올바른 인간이 되어 있어야 한다. 아이에게 보여줄 모범은 교육자의 내면에서 나와야 한다.

아이가 아직 아무런 인식을 갖지 못했을 때, 교육자에게는 아이가 처음 마주할 세계를 신중히 준비할 짧은 여유가 주어진다. 아이의 눈에 가장 먼저 비치는 대상은 반드시 그 나이에 적합해야 한다.

교육자는 모든 이로부터 존경받는 사람이 되어야 한다. 그러려면 먼저 사랑받는 존재가 되어야 한다. 그래야 누구나 자발적으로 교육자의 마음에 들기 위해 노력하게 된다.

아이를 둘러싼 모든 것에 대해 주도권을 쥐지 못한다면 제대로 된 영향력을 행사할 수 없다. 교육자의 권위가 힘을 발휘하려면 반드시 그 바탕에 교육자의 인격에 대한 존경이 깔려 있어야 한다.

그러나 돈을 쏟아붓는다고 해서 그 존경을 얻을 수 있는 것은 아니다. 지금껏 돈으로 마음을 얻은 사람은 본 적이 없다. 그렇다고 인색하고 냉정하라는 뜻도 아니다. 고통을 덜어줄 수 있다면 동정만 할 것이 아니라 실제로 도와야 한다. 아무리 금고 문을 열어도 마음을 함께 열지 않는다면 타인의 마음은 굳게 닫힌다.

아이에게 필요한 것은 돈이 아니라 시간과 보살핌, 그리고 애정이다. 교육자는 자기 자신을 온전히 내줘야 한다. 아무리 애써도 돈은 어디까지나 돈일 뿐, 진심을 대신할 수는 없다. 아이는 본능적으로 이를 알아차린다. 진심 어린 관심과 따뜻한 친절은 어떤 물질적 선물보다 깊은 감동을 주며, 실제로 훨씬 더 큰 도움이 된다.

설교보다 설계!
교육은 경험의 구조다

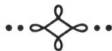

❖ 훈계보다 체험으로 배우게 하라

자신의 잘못을 외부 탓으로 돌리는 비겁한 습관부터 버려야 한다. 아이를 타락시키는 것은 세상에서 마주치는 악이 아니라, 어른에게서 직접 보고 배우는 악이다. 매번 훈계를 늘어놓고, 밤낮없이 도덕을 설파하며, 늘 아는 체하는 사람들은 자신이 옳다고 믿으며 아이에게 좋은 생각 하나를 전해줬다고 뿌듯해한다. 그러나 실제로는 쓸모없는 생각 스무 개를 더 떠넘길 뿐이다.

　게다가 머릿속에 가득한 생각에만 몰두한 나머지, 정작 그 생각이 아이에게 어떤 영향을 미치는지 전혀 알지 못한다. 말의 홍수에 휩쓸린 아이는 숨이 넘어갈 지경이다. 그중 잘못 이해한 말이 단 하나도 없을 리 없다. 장황하고 산만한 설명을 듣고 난 아이는 당연히 자기 방식대로 해석하려 들고, 결국 자기 수준에 맞는 나름의 논리를 꾸며낼 것이다. 그러다 때가 오면 이 논리를 근거로 오히려 어른을 반박할지도 모른다.

열정적인 교육자라면 단순하고, 사려 깊고, 절제할 줄 알아야 한다. 다른 사람이 개입하려 할 때 막아서는 경우가 아니라면 먼저 나서서는 안 된다. 나는 이 말을 계속해서 되풀이할 것이다.

잘못 가르칠까 두렵다면, 좋은 가르침조차 가능한 한 미루는 편이 낫다. 자연이 인간을 위해 첫 번째 낙원으로 마련해둔 이 땅에서, 무고한 아이에게 선과 악의 지식을 주입하려 들며 자신도 모르게 뱀과 같은 유혹자의 역할을 하고 있는 것은 아닌지 늘 경계해야 한다. 아이를 둘러싼 세계에서 다양한 사례를 통해 배우는 과정을 막을 수 없다면, 모든 주의력을 집중해 그 사례들이 아이의 수준에 맞는 적합한 모습으로 새겨지도록 이끌어야 한다.

✤ 격정의 순간, 경험을 통한 배움

격렬하게 분출되는 감정은 그 장면을 지켜보는 아이에게 깊은 인상을 남긴다. 아이는 강렬한 자극에 단박에 사로잡혀 집중할 수밖에 없다. 특히 분노는 한 번 폭발하면 워낙 요란하기 때문에 가까이 있기만 해도 모를 수가 없다. 이러한 상황에서 교육자라면 당장 도덕적인 설교를 늘어놓고 싶어 할 것이다. 그러나 설교는 금물이다. 단 한마디도 하지 말아야 한다. 그저 아이가 다가오도록 내버려두어야 한다.

목격한 장면에 놀란 아이는 분명 질문을 하러 다가올 것이다. 아이에게 들려줄 답은 간단하다. 아이는 자신의 감각을 자극했던 바로 그 대상에서 자연스럽게 답을 이끌어낼 수 있다. 붉게 상기된 얼굴, 번뜩이는 눈빛, 위협적인 몸짓, 고함소리 등 이 모든 징후는 몸이 정상이 아니라는 경고다. 이때 교육자는 차분하게 말해주면 된다. "저 불쌍한 사람은 지금 아프단다. 열이 심하게 올라서 그래."

이 기회를 빌려, 아주 간결하게 아이에게 병이란 무엇이고 어떤 결과를 낳는지 기본적인 개념을 알려줄 수도 있다. 병도 자연의 일부이기 때문이다.

이러한 경험은 아이가 자신도 자연의 법칙에서 자유로울 수 없는 존재임을 깨닫게 해주는 여러 계기 중 하나다. 그때부터 아이는 격정에 사로잡힌 상태를 병으로 여기게 될 것이다. 그리고 이 생각은 틀린 것이 아니다. 그렇다면 아이는 어린 나이에 감정의 소용돌이에 휩쓸리는 일을 본능적으로 꺼리게 되지 않을까?

적절한 순간에 필요한 개념을 짚어주는 일은 지루한 도덕 설교보다 훨씬 더 효과적이다. 이런 관점을 제때 심어준다면, 그 영향은 지금뿐 아니라 앞으로도 아이에게 긍정적인 변화를 이끌어낼 것이다.

✤ 아이의 생각을 지켜주는 교육자의 길

덧붙여 말하자면, 아이는 받아들인 생각을 자신의 수준에 맞춰 단순하게 정리한다. 그렇게 머릿속에 자리 잡은 단순한 생각이 순진한 말이나 행동으로 튀어나오더라도 절대로 아이 앞에서 지적해서는 안 된다. 나중에라도 그때의 기억을 떠올리게 할 만한 언급은 더더욱 피해야 한다. 경솔하게 웃음을 터뜨리는 것만으로도 몇 달간 쌓아온 노력이 허사로 돌아가고, 아이에게 평생 지울 수 없는 상처를 남길 수 있다.

거듭해서 말하지만, 아이를 이끌려면 먼저 자기 삶부터 스스로 이끌 줄 알아야 한다. 이 말은 몇 번이고 반복해서 강조해도 지나치지 않다.

명령과 약속, 거짓말을
교육에서 치워라

❖ **물건을 파괴해도, 화내지 말고 경험하게 하라**

아이가 말도 듣지 않고, 손에 잡히는 건 뭐든 망가뜨린다고 해서 절대로 화를 내서는 안 된다. 애초에 부술 위험이 있는 물건은 아예 아이의 손이 닿지 않는 곳으로 치워두어야 한다. 아이가 자기 물건을 부쉈다고 해서 대체할 물건을 서둘러 가져다줄 필요는 없다. 오히려 물건이 사라져 불편하다고 느끼도록 내버려두는 편이 낫다.

예컨대 아이가 자기 방 창문을 깼다면, 밤낮으로 바람이 방 안에 휘몰아치게 그냥 두면 된다. 감기에 걸릴까봐 걱정할 필요가 없다. 미친 짓을 하게 두는 것보다는 감기에 걸리는 편이 훨씬 낫다. 절대로 아이 때문에 불편하다고 불평해서는 안 된다. 오히려 아이가 먼저 그 불편함을 느끼게 해야 한다. 그리고 마지막에는 아무 말 없이 기술자를 불러 창문을 고쳐주면 된다.

그런데도 만약 창문을 또 깬다면 그때는 방법을 바꿔야 한다. 아이에게 화내지 말고, 다만 단호하게 말하면 된다. "이 창문은 내 소유야. 내가 신경 써서 달아 놓은 거라 멀쩡하게 유지되면 좋겠다." 그런 다음 아이를 창문 없는 어두운 방에 가둔다. 익숙하지 않은 방식에 처음에는 소리를 지르고, 펄쩍 뛰며 난리를 피우겠지만, 누구도 그 반응에 귀 기울여서는 안 된다.

❖ 약속은 협상과 자율 속에서 배운다

그러고 나면, 곧 누군가가 아이에게 타협안을 제시하라고 귀띔할 것이다. 아이는 그 말을 따라 협상을 시도하고, 그때 아이를 풀어주면서 다시는 창문을 깨지 않겠다는 약속을 받아내면 된다. 아이는 흔쾌히 동의할 것이다.

아이 스스로 만남을 청하면 교육자는 곧장 응해야 한다. 아이의 제안을 받아들이며 이렇게 말하면 된다. "정말 좋은 생각이야! 우리 둘 다 만족할 수 있는 해결책이네. 왜 진작 이런 생각을 하지 않았을까?" 그리고 아이가 한 약속에 대해 굳이 신의를 확인하거나 항의하려 들지 말라. 그저 기뻐하며 아이를 껴안고 곧장 방으로 데려가면 된다.

이 약속은 단순한 말이 아니라, 마치 맹세처럼 신성하고 존중받아야 한다. 이렇게 아이는 약속을 지켜야 하는 이유와 약속의 힘을 자연스럽게 배우게 된다.

돌아보면 이 작은 말썽쟁이는 처음에는 콩을 심겠다며 구멍을 팠을 뿐이다. 그러나 그 구멍은 결국 자신을 가두는 장소가 되었다. 경험을 통해 도덕성이 형성된 아이는 이제 스스로 만든 '규칙'이라는 감옥에 제 발로 들어가게 된 셈이다.

❖ 약속과 함께 태어나는 거짓말

이제 우리는 도덕적 세계 속으로 들어왔다. 동시에 악으로 향하는 문도 함께 열린 셈이다. 약속과 의무가 생겨나는 순간, 속임수와 거짓말도 같이 태어난다. 하지 말아야 할 일을 할 수 있게 되자마자, 숨길 필요가 없던 것까지 숨기고 싶어진다. 이해관계를 좇아 맺은 약속은 더 큰 이익이 눈앞에 나타나는 즉시 깨질 수 있다.

이제 문제는 손해를 보지 않고 약속을 어길 수 있느냐는 것이다. 본능적인 대처법은 단순하다. 숨어버리거나 거짓말로 넘어가면 된다. 악이 싹트지 않도록 미리 막지 못했기 때문에, 이제 우리는 악이 낳은 죄를 응징해야 하는 상황에 처한다. 인간의 비극은 바로 이처럼 인간이 죄를 짓는 순간부터 시작된다.

아이가 한 모든 약속은 그 자체로는 무효다. 이는 아이의 좁은 시야로는 현재 너머를 볼 수 없기 때문이다. 즉 아이는 약속을 하면서도 자신이 무엇을 하고 있는지조차 모른다. 당장의 곤란을 모면하는 데만 온 정신이 팔려 있기 때문에, 지금 당장 효과가 없다면 그 어떤 약속도 아이에게 의미가 없다. 그래서 미래를 염두에 둔 약속을 한다고 해도, 사실상 아무것도 약속하지 않는 셈이다.

상상력이 아직 깨어나지 않은 상태에서 아이는 자기 존재를 현재와 미래라는 두 시점으로 나누어 인식할 수 없다. 매를 피할 수만 있다면, 혹은 설탕을 입힌 간식 한 봉지를 얻을 수만 있다면, 아이는 망설임 없이 내일 창문 밖으로 몸을 던지겠다고 약속할지도 모른다. 바로 그렇기 때문에 법은 아이가 한 약속을 전혀 인정하지 않는다. 엄격한 아버지나 교육자가 아이에게 약속을 지키라고 요구할 때도, 그것은 약속을 상기시키려는 것이 아니라 그 일이 원래 아이가 해야 할 일이기 때문이다.

아이는 약속할 때 자신이 무슨 행동을 하고 있는지조차 모르기 때문에 약속을 하면서 거짓말을 하지는 않는다. 그러나 약속을 어길 때는 사정이 다르다. 이 경우는 일종의 '결과적 거짓말'이라고 부를 수 있다. 어쨌든 아이는 그 약속을 했다는 사실은 기억하고 있기 때문이다. 다만 그 약속을 지키는 것이 왜 중요한지를 이해하지 못할 뿐이다.

아이는 미래를 내다보는 능력이 없기 때문에 일의 결과를 예측할 수 없다. 따라서 약속을 어겼다고 해도, 어린 나이를 감안한다면 결코 이해를 벗어난 행동이라 할 수는 없다.

❖ 강요된 약속은 거짓말을 낳는다

결국 우리는 다음과 같은 결론에 이른다. 아이들의 거짓말은 모두 교육자의 작품이다. 아이에게 "진실만 말하라"고 가르치면, 오히려 아이는 거짓말을 배우게 된다. 아이를 통제하고 지배하고 가르치려는 의욕이 앞서면, 목표를 이루기에는 어떤 수단으로도 부족하다고 여기기 마련이다.

그러면 사람들은 근거 없는 원칙과 비논리적인 규범을 내세워 아이의 마음을 또다시 지배하려 든다. 그래서 대체로 아이가 무식하더라도 솔직하기를 바라기보다는 차라리 수업 내용을 외워서 거짓말하기를 바란다.

우리처럼 아이에게 실천 중심의 교육을 가르치고, 아이가 학식 높은 사람보다는 선한 사람이 되길 바라는 사람들은 아이에게 진실을 말하라고 강요하지 않는다. 아이가 진실을 숨기게 될까 두렵기 때문이다.

또한 아이가 자발적으로 지켜야 할 필요를 느끼지 못하는 약속이라면, 아예 말도 꺼내지 않는 편이 낫다. 내가 없는 사이에 나쁜 일이 벌어졌고, 누가 저질렀는지 알 수 없더라도, 나는 결코 에밀을 의심하거나 "네가 한 거니?"라고 묻지 않을 것이다. 이런 질문만큼 무례한 것도 없다.

특히 아이가 잘못을 저질렀을 때는 더욱 그렇다. 아이가 자신이 한 짓이 이미 만천하에 드러났다고 생각한다면, 자신을 함정에 몰아넣는 수작이라고 여기고 반감을 품게 될 것이다. 반대의 경우에는 "굳이 내가 내 잘못을 밝힐 필요가 있을까?"라고 생각하며 처음으로 거짓말의 유혹을 느낄 수도 있다.

모든 것이 이 경솔한 질문에서 비롯된다. 그렇게 추궁해봤자, 아이는 자신이 그러지 않았다고 부인하는 법만 익히게 될 뿐이다. 이러한 상황에서, 그 외에 대체 무엇을 더 배울 수 있겠는가?

만약 아이의 까다로운 기질 때문에 부득이하게 약속을 맺을 수밖에 없다면, 나는 사전 준비를 철저히 해서 결코 내가 주도하지 않고 항상 아이가 먼저 약속을 제안하게 하겠다.

아이가 약속을 했다면, 이 약속은 미래뿐만 아니라 지금 이 순간에도 분명한 의미가 있어야 하며, 온몸으로 느낄 수 있을 만큼 강한 동기를 불러일으켜야 한다. 만약 약속을 어겼다면, 거짓말을 한 것이나 다름없으므로 아이가 그로 인한 불이익을 교육자의 보복이 아니라 사물의 질서 안에서 자연스러운 결과로 받아들이게 해야 한다. 하지만 그렇게 가혹한 수단을 쓸 필요는 없다.

나는 에밀이 거짓말이 무엇인지 아주 늦게야 알게 될 것이라고 확신한다. 그리고 '거짓말'이라는 개념을 처음 접했을 때, 그것이 어디에 쓸모가 있는지 도무지 이해하지 못해 무척이나 당황하리라 예상한다. 한 가지는 분명하다. 아이의 행복이 타인의 의지나 평가에 휘둘리지 않고 더욱 자유로워질수록, 아이가 거짓말을 하고자 할 동기는 그만큼 더 줄어들 것이다.

아이를 가르치는 데 조급한 마음을 갖지 않으면 무언가를 요구할 때도 서두를 필요가 없다. 교육자는 반드시 적절한 때가 올 때까지 아무것도 요구하지 않고 충분히 기다릴 줄 알아야 한다. 그러면 아이는 자연스럽게 자란다. 괜한 개입으로 자연스러운 성장 흐름을 방해하지 않으면 된다.

하지만 경솔한 교육자가 무엇을 어떻게 해야 하는지도 모른 채, 무분별하게, 아무 고민도 없이, 한도 끝도 없이 매 순간 아이에게 온갖 약속을 하게 만든다면, 아이는 지겨워하며, 수많은 약속에 짓눌려 부담을 느끼게 된다. 그러면 약속을 소홀히 여기고, 잊어버리고, 무시하고 만다. 결국 약속이란 실체 없는 공허한 말일 뿐이라는 인식을 아이는 갖게 되며, 약속을 하고 깨뜨리는 일을 하나의 놀이처럼 받아들인다.

아이가 약속을 성실히 지키는 사람으로 자라기를 바란다면, 어떤 약속을 어떻게 요구할지 신중히 판단해야 한다.

미덕은 보이는 것!
관대함은 모범으로

❋ 계산된 관대함은 진짜 미덕이 아니다

나는 아이가 진정한 의미의 관대함을 실천하는 모습을 본 적이 없다. 그나마 경험해본 관대함은 두 종류뿐이다. 첫 번째는 자신에게 아무 쓸모도 없는 것을 남에게 줄 때, 두 번째는 곧 되돌려 받을 거라는 확신이 있을 때 발휘된다.

로크는 아이가 경험을 통해 가장 너그러운 사람이 결국 가장 많은 보상을 받는다는 사실을 깨닫게 해야 한다고 말했다. 이러한 교육 방식은 곧 아이를 겉으로만 관대한 척하는 사람으로 만들 뿐이다. 실제로는 계산된 위선에 불과하다.

또한 로크는 이런 방식을 통해 아이에게 관대함을 습관화할 수 있다고 주장한다. 그렇다. 하지만 이건 계산적인 관대함이다. 계란 하나를 내준 대가로 소 한 마리를 얻으려는 이기심일 뿐이다. 하지만 정말로 자기 것을 내놓아야 할 순간이 오면, 그때는 '습관'도 아무 소용이 없다. 더 이상 보답을 받지 못하게 되면, 아이도 더 이상 베풀지 않을 것이다.

 기계적으로 반복하는 행동보다는 마음속에 자리 잡은 습관을 더 중요하게 여겨야 한다. 아이에게 가르치는 다른 미덕들 또한 결국 앞서 말한 관대함과 마찬가지로 형식적인 흉내에 지나지 않는다. 결국 아이에게 고결해 마지않은 미덕들을 설교하겠다는 명목 아래, 아이에게서 자유롭고 즐거워야 할 어린 시절을 빼앗는 셈이다. 참, 합리적이고 훌륭한 교육이 아닐 수 없다.

❖ 강요하지 말고 모범을 보여라

진정한 교육자라면 이제 위선적인 가르침을 버려야 한다. 존경받을 인격과 선한 성품을 갖춘 사람이 되는 것이 우선이다. 아이가 진심으로 본받고 싶다는 마음이 생길 때까지, 아이의 기억 속에 모범적인 스승으로 깊이 각인될 수 있도록 노력해야 한다.

 나는 아이에게 이타적 행동을 성급하게 강요하지 않는다. 그보다는 아이 앞에서 직접 모범을 보이는 것을 더 좋아한다. 그리고 아이가 내 행동을 따라하지 못하도록 일부러 기회를 주지 않는다. 호의를 베푸는 일은 아직 어린 아이가 감당하기엔 너무 이른, 어른이 지켜야 할 도의(道義)이기 때문이다.

아이가 어른의 의무를 그저 아이의 훌륭한 행동쯤으로 여기는 데 익숙해지지 않도록 주의해야 한다. 그런데 내가 가난한 사람을 돕는 모습을 보고 아이가 이유를 물었을 때, 질문에 대한 답을 이해할 만큼 성장했다는 판단이 들면 이렇게 말해줄 것이다.

"아이야, 가난한 사람들이 부자라는 불평등한 존재를 받아들이기로 했을 때, 부자들은 그 대가로 자기 재산이나 노동만으로는 생계를 유지할 수 없는 이들을 먹여 살리겠다고 약속했단다."

그러면 아이는 다시 물을 것이다. "그러면 선생님도 그런 약속을 하신 건가요?" 이 질문에 대한 내 답은 다음과 같다.

"물론이지. 내 손에 들어온 재산은 그 재산에 따른 책임까지 함께 받아들일 때에만 내가 정당하게 소유할 수 있는 거란다."

아이의 질문이라고 해서 매번 아이가 원할 때 답을 주는 것은 아니다. 언제 대답할지는 교육자가 스스로 판단해서 결정해야 한다. 그렇지 않으면 오히려 아이의 뜻에 끌려 다니게 되고, 아이에게 휘둘리게 된다. 교육자 입장에서는 이는 가장 위험한 처지에 놓이는 것이다.

앞에서도 말했듯, 아이가 이런 이야기를 이해하려면 미리 충분한 준비가 되어 있어야 한다. 위의 대화를 나눈 후, 에밀이 아닌 다른 아이였다면 나를 흉내 내면서 부자인 척 행동하려 했을지도 모른다. 그런 경우라면 나는 적어도 아이가 거들먹거리며 과시하지는 못하게 막을 것이다.

차라리 아이가 내 몫을 슬쩍 훔쳐 아무도 모르게 남을 도와주는 편이 더 낫다고 생각한다. 나쁜 짓은 맞지만, 그 나이라면 충분히 저지를 만한 잘못이고, 내가 기꺼이 용서할 수 있는 유일한 예외다.

❖ 모방의 한계와 진정한 도덕

나는 모방을 통해 습득한 미덕은 원숭이처럼 흉내만 내는 가짜 미덕에 불과하다는 사실을 잘 알고 있다. 어떤 선행이든, 좋은 일을 하고 있다는 자각 없이 행동만 실행에 옮긴다고 해서 도덕적으로 진정한 선행이라고 할 수는 없다. 단지 다른 사람들이 하기 때문에 따라하는 행위는 도덕적으로 의미가 없다.

하지만 아직 이타적 감정이 무엇인지 제대로 모르는 나이라면,

아이에게 습관을 심어주기 위해 그 행동을 흉내 내게 할 수밖에 없다. 언젠가 아이가 분별력과 선에 대한 애정을 바탕으로 그 행동을 스스로 실천하게 될 때까지는 기다려야 한다.

인간은 본능적으로 타인을 모방한다. 동물도 마찬가지다. 이처럼 모방하려는 성향은 본래 조화로운 자연의 일부다. 그러나 인간 사회에서는 이 성향이 변질되어 도덕성을 해치는 원인이 된다.

원숭이는 자기가 두려워하는 인간을 흉내 낸다. 하지만 자기가 얕보는 동물은 따라 하지 않는다. 자신보다 우월한 존재가 하는 행동을 좋은 것이라고 생각하기 때문이다.

반대로 우리 사회에서는 온갖 사람들이 아름다움을 흉내 내지만, 그 목적은 정작 아름다움을 드러내는 것이 아니라 오히려 깎아내리고 우스꽝스럽게 만드는 데 있다. 열등감에 사로잡혀 있기 때문에 자신보다 더 나은 사람들과 어깨를 나란히 하려 애쓰는 것이다.

그런데 칭송하는 대상을 진심으로 따라할 때조차, 모방하려는 대상을 보면 왜곡된 취향이 고스란히 드러난다. 그들은 자신을 더 나은 존재나 지혜로운 사람으로 만들기보다, 타인에게 강한 인상을 남기고 재주를 과시해 박수를 받는 데 더 관심을 쏟는다.

인간 사회에서 모방이 일어나는 근본적인 이유는 언제나 자기 자신에게서 벗어나 타인의 전부를 닮고 싶어 하는 욕망에서 비롯된다. 만약 교육이 내 계획대로 잘 진행된다면, 에밀은 분명 이런 욕망을 품지 않을 것이다. 따라서 자기 자신을 버리고 타인을 흉내 내고자 하는 욕망이 아무리 좋은 효과를 가져다주는 것처럼 보여도 우리는 단호하게 뿌리쳐야 한다.

기존의 교육 규칙들을 하나하나 깊이 살펴보면, 모든 규칙이 본래 목적과 정반대 방향으로 작동하고 있다는 사실을 깨닫게 될 것이다. 특히 미덕과 도덕에 관한 규칙일수록 더욱 그렇다.

어린 시절에 가르칠 수 있는 유일한 도덕 수업이자, 모든 나이에 걸쳐 가장 중요한 원칙은 '결코 남에게 해를 끼치지 말아야 한다'는 것이다. 남을 도와야 한다는 교훈조차, 앞에서 말한 원칙에 어긋난다면 위험하고 부적절하고 모순적이라고 봐야 한다.

세상에 선을 행하지 않는 사람이 과연 있을까? 모두가 "선을 행한다"고 말한다. 악인마저도 그렇다. 악인은 단 한 사람의 행복을 위해 백 명을 불행에 빠뜨린다. 우리 사회의 모든 재앙이 바로 여기서부터 시작된다.

가장 고결한 덕은 '하지 않는 것'이다. 그만큼 실천하기도 가장 어렵다. 과시하려는 욕구를 버리고, 심지어 다른 사람이 나를 좋은 사람이라고 평가해줬을 때 마음속에서 피어나는 그 달콤한 만족감조차 초월해야 하기 때문이다.

　아, 만약 아무에게도 해를 끼치지 않는 사람이 실제로 존재한다면 그 사람은 자신의 동류인 인간들에게 얼마나 큰 선을 베풀고 있는 것일까? 그런 삶을 살아가려면 담대한 영혼과 강직한 성품을 타고나야 할 텐데!

조기 훈육의 환상에서
아이를 지켜라

✦ 오늘의 고통이 내일의 행복을 보장하지 않는다

누군가는 이렇게 말할지도 모른다.

"지금이야말로 인간의 악한 본성을 바로잡아야 할 때다. 벌을 받아도 아직 대수롭지 않게 여기는 유년기에 철저히 훈육해야, 철이 들 무렵에 벌을 줄 필요가 없어진다."

하지만 이 계획이 전부 뜻대로 이루어진다고 누가 보장할 수 있을까? 아이의 연약한 정신에 억지로 쏟아붓고 있는 이 훌륭한 가르침들이, 나중에 도움이 되기는커녕 오히려 해가 되지 않으리라고 확신할 수 있나?

지금 아이에게 일부러라도 고통을 겪게 해야 나중에 덜 고생한다고, 도대체 어떻게 장담할 수 있단 말인가? 오늘의 고통이 정말 내일의 고통을 없애줄 수 있는지조차 불확실한데, 굳이 아이가 현재 감당할 수 있는 수준을 훨씬 넘어서는 고통을 주는 이유는 무엇일까?

더구나 애초에 고쳐줘야 한다고 우기는 아이의 '나쁜 성향'은 정말 자연이 심어준 천성이 맞긴 한가? 오히려 잘못된 교육 때문에 멀쩡한 아이를 '문제아' 취급하고 있는 것은 아닐까? 아니라고 증명할 수는 있나?

확실하지도 않은 미래의 행복을 담보로 아이의 현재를 희생시키다니, 정말로 한 치 앞도 볼 줄 모르는 어리석은 선택이 아닐 수 없다. 제대로 알지도 못하면서 따지기만 좋아하는 사람들이 방종을 자유와 혼동하고, 행복한 아이와 버릇없이 키운 아이를 구별하지 못한다면, 그 차이를 분명히 알려줘야 한다.

❋ 신동이라 불려도 아직은 아이일 뿐이다

아이의 머릿속에 기발한 생각이 번뜩 떠오를 수도 있고, 아이의 입에서 훌륭한 말이 흘러나올 수도 있다. 아이는 가장 귀한 다이아몬드를 손에 쥐고 있는 상태다. 하지만 그렇다고 해서 그 생각이나 다이아몬드가 아이의 것이라고 할 수는 없다.

이 시기의 아이는 그 어떤 것도 진정한 자기 것으로 만들지 못한다. 아이가 어른을 따라 같은 표현을 사용한다고 해도, 아이와 어른이 이해하는 의미는 다를 수 있다. 하나의 표현에 서로 다른 개념을 부여하고 있기 때문이다.

설령 아이가 조금이나마 개념을 이해하고 있다고 하더라도, 그 개념에는 앞뒤 맥락이 없고 다른 개념과 연결되는 논리도 없다. 아이의 생각은 항상 바뀌기 때문에 무엇 하나 확실한 게 없다.

소위 신동이라고 떠받들리는 아이를 자세히 살펴보자. 어떤 순간에는 놀라울 정도로 활기찬 모습과, 구름을 꿰뚫는 빛 같은 총명함을 발견할 수도 있다. 하지만 대부분의 아이는 마치 짙은 안개에 둘러싸인 것처럼 희미하고 무기력해 보일 것이다. 어떤 때에는 앞서 나가지만, 또 어떤 때에는 멈춰 서서 움직이지 않는다. 어느 순간에는 '천재'라고 감탄하다가도, 바로 다음 순간에는 '바보'라며 고개를 젓게 될 것이다. 둘 다 틀렸다. 아직 아이일 뿐이다.

아이는 어린 독수리와 같다. 순간적으로 하늘을 가르며 날아오르지만, 곧 다시 둥지로 떨어질 수밖에 없다. 그러니 겉모습에 속지 말고 아이를 반드시 그 나이에 맞게 대해야 한다. 그리고 무리하게 능력을 끌어내려다 아이의 힘을 전부 소진시키지 않도록 주의해야 한다.

 아직 어린 두뇌가 달아오르고 끓어오르기 시작하더라도, 우선은 자연적으로 숙성될 수 있도록 가만히 지켜봐야 한다. 단, 절대로 인위적인 자극을 줘서는 안 된다. 모든 기운이 허공으로 날아가 버릴지도 모르기 때문이다.

 가장 먼저 새어 나오는 기운이 빠져나가고 나면, 남은 기운을 붙잡아 응축시켜야 한다. 세월이 흐르면 모든 것이 생명을 불어넣는 온기와 진정한 힘으로 달라져 있을 것이다. 그렇게 하지 않으면 여태까지 들인 시간과 정성이 모두 헛수고가 될 뿐이다. 다시 말해, 올바른 교육을 위해 공들여 쌓아왔던 탑을 스스로 무너뜨리는 꼴이다. 결국 재능의 일시적 발현이나 금방 사그라들 열정 등이 증발되어 사라질 기운에 한껏 도취되어 아이의 힘을 흥청망청 써버리면, 남는 것은 정수가 다 빠져나간 찌꺼기뿐이다.

✣ 유년기는 준비가 아니라 완전한 삶이다

헛된 환상을 좇지 않으려면 우리 자신의 처지에 맞는 길이 무엇인지 잊지 말아야 한다. 인간은 자연의 질서 속 일부이고, 유년기는 인생이라는 여정의 준비 단계가 아니라 그 자체로 의미 있고 중요한 시기다. 그러니 어른은 어른으로, 아이는 아이로 존중해야 한다.

자연의 질서에 따라 아이마다 걸맞은 자리를 마련해주고, 그 자리에 뿌리내릴 수 있도록 도우며, 인간의 본성에 따라 욕망을 조율하는 일이야말로 인간의 행복을 위해 우리가 할 수 있는 전부다. 그 밖의 모든 것은 외부 요인에 달려 있으므로 인간의 힘으로는 어찌할 수 없다.

아이의 삶을 그 자체로 존중해줘야 한다. 그리고 칭찬이든 비난이든 섣불리 아이를 판단하려 해선 안 된다. 정말 특별한 아이인지 아닌지는 시간을 두고 지켜보면 자연히 드러난다. 그러니 그 전에는 특별한 교육 방식을 적용하려 들지 말아야 한다.

또한 자연이 알아서 움직이도록 충분히 기다리는 여유가 필요하다. 그 전까지는 괜히 자연을 대신해 개입하려 들지 말아야 한다. 자칫 자연의 작용을 방해하게 될 수도 있다.

사람들은 흔히 시간의 가치를 누구보다 잘 안다며, 단 한순간도 허투루 낭비하고 싶지 않다고 말한다. 그러나 시간을 엉뚱한 데 쓰는 것이 아무 일도 하지 않은 채 시간을 보내는 것보다 훨씬 더 큰 낭비임을 대부분 깨닫지 못한다.

아이는 아무것도 배우지 못해 무지한 상태에 있을 때보다, 잘못된 교육을 받았을 때 오히려 지혜로부터 더 멀어진다. 사람들은 아이가 아무것도 하지 않은 채 어린 시절을 허투루 보낸다고 생각하며 괜한 불안을 느낀다.

아니, 행복을 누리는 하루하루가 정말 아무 의미도 없는 걸까? 하루 종일 뛰고 놀고 달리는 일상은 하찮은 걸까? 지금 이 순간처럼 삶에 온전히 몰입해 살아가는 시기는 아이의 인생에서 다시는 없을 것이다.

일반적으로는 플라톤이 쓴 『국가』가 굉장히 엄숙한 책이라고 생각한다. 하지만 막상 책을 읽어보면 그는 아이들이 오직 축제와 놀이, 노래, 소일거리로 하루하루를 즐기도록 이끈다. 마치 아이들이 즐겁게 살아가는 방법만 익히면 가르칠 건 다 가르쳤다고 여기는 것처럼 보인다.

한편 세네카는 고대 로마의 소년들을 이렇게 묘사했다. "아이들은 늘 서 있었다. 애초에 앉아서 배워야 하는 일은 아예 가르치지도 않았다." 과연 이 아이들이 자라서 형편없는 어른이 됐을까? 아이들이 빈둥거리는 것처럼 보인다고 해서 전혀 걱정할 필요 없다.

만약 삶을 조금도 낭비하지 않겠다며 평생 단 한순간도 잠을 자지 않으려는 사람이 있다면, 뭐라고 할까? 아마 이렇게 말할 것이다. "이 사람, 제정신이 아니네. 시간을 자유롭게 쓰지도 못하고, 스스로 시간을 죽이고 있잖아? 잠을 피해서 죽음을 향해 달려가는 꼴이군."

그러니 꼭 명심해야 한다. 본질적으로는 다 같은 이야기다. 어린 시절은 이성이 잠들어 있는 시기나 다름없다. 아이들은 무엇이든 쉽게 배우는 것처럼 보이지만, 이러한 착각이 아이들을 망친다. 사실 쉽게 배우는 것처럼 보일수록, 아무것도 배우지 않았다는 증거다. 아이의 뇌는 아직 홈 없이 반질반질해, 보여주는 대상을 거울처럼 되비춘다. 그러나 아무것도 남지 않고, 아무것도 그 안으로 흡수되지 않는다.

아이는 단어를 기억해둔다. 그러면 개념들이 그대로 반사되어 나온다. 아이의 말을 듣는 사람은 아이가 단어를 이해하고 사용한다고 착각하지만, 정작 아이 자신은 자기가 한 말이 무슨 뜻인지 전혀 알지 못한다.

기억과 논리적 사고력은 본질적으로 서로 다른 능력이지만, 이 둘은 함께 작용할 때에만 비로소 제대로 성장한다. 이성이 발달하기 전 아이는 개념을 받아들이는 것이 아니라 떠오르는 형상을 마음에 새긴다.

심상은 감각을 통해 느낄 수 있는 대상을 그대로 재현한 그림에 불과하다. 반면 개념은 대상들이 서로 연결되는 관계 속에서 구성되는 인식이다. 심상은 마음속에 단독으로 떠오를 수 있지만, 개념은 반드시 다른 개념과 연결되어야 비로소 의미를 가진다. 상상은 단지 보는 것이고, 개념을 형성하려면 비교하는 과정이 필요하다.

우리의 감각은 외부 자극에 순전히 수동적으로 반응한다. 그러나 사고나 개념은 모두 주체적 판단을 전제로 하는 능동적 원리에서 비롯된다.

그러므로 나는 이렇게 말하려고 한다. 아이는 아직 판단력을 갖추지 못했기 때문에 진정한 의미의 기억을 가졌다고 할 수 없다. 소리나 형태, 감각은 기억하지만, 개념은 좀처럼 머릿속에 붙잡아두지 못하고 개념들 사이의 관계는 더더욱 이해하지 못한다.

아이들이 어릴 때부터 기하학의 기초를 배운다는 반박으로 내 주장을 무너뜨릴 수 있다고 생각할 수도 있다. 하지만 정반대다. 이 반론은 오히려 내 주장을 뒷받침해줄 뿐이다. 아이들은 스스로 추론할 수 있기는커녕, 남이 한 추론도 제대로 기억하지 못한다.

실제로 어린 기하학도들이 문제를 풀어가는 방식을 살펴보면 바로 알 수 있다. 아이들은 단지 도형의 정확한 형상과 증명에 쓰인 용어들을 외웠을 뿐이다. 그래서 조금이라도 새로운 반론이 제기되면 더 이상 따라가지 못한다. 도형의 위치를 바꿔놓기만 해도 전혀 대응하지 못한다. 즉 모든 지식은 감각의 수준에만 머물러 있고, 이해에는 도달하지 못한 상태다.

사실 기억력조차도 다른 능력들보다 더 뛰어나다고 보긴 어렵다. 왜냐하면 어릴 때 단지 말로만 익혔던 내용을 커서 다시 반복해 배우는 경우가 대부분이기 때문이다.

그렇다고 아이에게 추론 능력이 전혀 없다고 생각하지는 않는다. 오히려 아이는 자신이 잘 알고 있는 지식이나 당장 감각적으로 와닿는 관심사에 대해서는 훌륭하게 추론한다. 하지만 문제는 어른들이 아이의 지식수준을 잘못 판단한다는 데 있다. 정작 아이는 무엇인지도 모르는데 알고 있다고 착각하며, 이해할 수도 없는 주제를 추론하라고 다그친다.

그리고 어른들은 아이에게 아무 관련도 없고 감정적으로도 전혀 와닿지 않는 주제에 집중하라고 강요하며 또다시 오판을 저지른다. 예컨대 장차 얻게 될 이익, 미래의 행복, 어른이 되고 난 뒤 남들의 시선 같은 먼 훗날의 이야기는 아무 소용도 없다. 앞날을 내다볼 예지능력이 없는 아이에게 당장 확인할 수도 없는 미래의 일은 전혀 중요하지 않기 때문이다.

그런데도 아이에게 억지로 공부를 시킨다. 참으로 안타까운 일이 아닐 수 없다. 게다가 하나같이 아이의 정신 능력을 전혀 고려하지 않은 내용들이다. 과연 아이가 제대로 집중할 수 있을까?

제자들에게 무엇을 가르치는지 요란하게 떠벌리는 교육자들이 있다. 하지만 사실은 다 돈을 받고 그 대가로 하는 말일 뿐이다. 이들이 실제로 어떻게 행동하는지만 봐도, 나와 똑같은 생각을 하고 있음을 알 수 있다.

그렇다면 아이들에게 도대체 뭘 가르치는 걸까? 말, 말, 전부 말뿐이다. 이들은 온갖 학문을 가르친다고 거들먹거리지만, 정작 아이들에게 정말로 유익할 만한 지식은 다루지 않는다. 다시 말해 아이들에게는 실제적인 학문이 필요하지만, 그 분야를 제대로 가르칠 능력이 없기 때문에 아예 피한다. 그래서 문장학, 지리학, 연대기, 외국어처럼 단어만 알아도 전문가처럼 보이는 학문들만 골라 가르친다.

하지만 이런 공부는 실제 삶, 특히 아이의 삶과는 너무 동떨어져 있다. 평생 단 한 번이라도 실제로 써먹을 일이 있다면, 그게 오히려 더 놀라운 일이라고 해야 할 것이다.

내가 언어 공부를 무익한 교육 중 하나로 분류한다고 하면, 많은 사람들이 의아해할지도 모른다. 하지만 내가 말하는 것은 어디까지나 어린 시기의 학습에 한정된다는 점을 기억해야 한다. 그리고 뭐라고 하든, 나는 열두 살이나 열다섯 살까지 두 언어를 제대로 익힌 아이는 없다고 생각한다. 물론 신동은 예외다.

만약 언어 공부가 단지 단어를 배우는 학습, 다시 말해 단어의 형태나 소리를 익히는 것에 불과했다면, 아이에게 가르치기 적합했을지도 모른다. 나 역시 인정한다. 그러나 언어를 배우는 것은 단지 기호만 바꾸는 데서 그치지 않는다. 기호가 바뀌면 그 기호가 담고 있는 사고의 구조도 함께 달라지기 때문이다.

사람의 사고방식은 사용하는 언어를 바탕으로 형성되고, 생각은 언어가 가진 고유한 색을 입는다. 인간 모두에게 보편적으로 나타나는 공통점은 오직 이성뿐이다. 사고방식은 언어마다 고유한 특성을 보인다. 이 차이는 어느 정도 민족적 기질의 원인일 수도 있고, 혹은 그 결과일 수도 있다. 전 세계 모든 민족에게 공통적으로 나타나는 현상 하나가 이 가설을 뒷받침한다. 언어는 사회 풍속과 함께 흥하고 쇠한다. 풍속이 보전되면 언어도 유지되고, 풍속이 변하면 언어 또한 변질된다.

이처럼 언어마다 사고의 구조가 다르기 때문에, 아이는 사회의 관습에 따라 그중 하나의 구조를 주입받는다. 그리고 이성을 갖추게 되는 나이까지 오직 이 구조 하나로만 사고한다. 두 가지 관점으로 생각하려면 서로 다른 개념을 비교해야 한다. 그러나 아직 개념을 형성하지 못한 상태에서 그게 가능할까?

아이는 하나의 대상을 셀 수 없이 많은 방식으로 인식한다. 그러나 개념은 언어 구조 안에서 고정된 형태로 자리 잡는다. 사회의 관습에 따라 이미 한 가지 형태를 내면화한 아이는 다른 형태를 이해하기 어렵다. 따라서 어린 시절에는 단 하나의 언어만 익힐 수 있다.

그래도 아이가 여러 언어를 배울 수 있다고들 한다. 하지만 나는 그 말에 동의하지 않는다. 나 또한 스스로 대여섯 개 언어를 구사한다고 생각하는 신동들을 만난 적이 있다. 그 아이들은 먼저 독일어로 말하고, 이어 라틴어, 프랑스어, 이탈리아어 표현들을 선보였다. 그러나 실제로는 대여섯 권의 사전을 들여다보며 말하고 있었다. 결국 처음부터 끝까지 아이들이 제대로 구사한 언어는 독일어 하나뿐이었다.

한마디로 정리하자면, 아이에게 아무리 많은 동의어를 가르쳐도 그저 단어만 바꿔 쓰는 것에 불과하다. 언어, 즉 사고의 구조 자체는 바뀌지 않는다. 아이가 실제로 이해하고 사고하는 언어는 여전히 하나뿐이다.

교육자들이 주로 죽은 언어로 아이들을 훈련시키는 데는 다 이유가 있다. 바로 해당 분야에서 자신의 무능을 감추기 위해서다.

게다가 죽은 언어이기 때문에 누구도 반박할 수 있는 권위 있는 심판자가 남아 있지 않다. 이 언어들은 일상적으로 사용하지 않게 된 지 오래라 이제는 책에 쓰인 문장을 찾아 흉내 내는 정도다. 그런데도 이 언어들로 '말을 한다'고 억지를 부리고 있는 것이다.

이런 상황이라면 교사들의 그리스어·라틴어 실력도 짐작할 만하다. 그 밑에서 배우는 아이들의 수준은 뻔하지 않겠는가? 아이들은 겨우 기초 문법서를 외우자마자 내용을 전혀 이해하지 못했더라도, 곧바로 프랑스어 문장을 라틴어 단어로 바꾸는 연습부터 시작한다. 조금 더 수준이 올라가면 수업의 일환으로 키케로의 문장을 짜깁기해 산문을 쓰고, 베르길리우스의 시구를 발췌해 조합한 표현들로 시를 짓는다. 그러고 나면 아이들은 자신들이 라틴어를 할 줄 안다고 착각한다. 그러나 그렇다고 누가 와서 아니라고 말해줄 수 있겠는가?

❖ 기호와 말에 갇힌 헛된 교육

어떤 학문이든 간에, 표상되는 대상에 대한 개념을 이해하지 못하면 그것을 나타내는 기호는 아무 의미도 없다. 그럼에도 교육은 아이를 언제나 기호 안에만 가둬놓고, 기호들이 무엇을 의미하는

지는 끝내 이해시키지 못한다.

아이에게 지구에 대해 가르친다고 생각하지만, 실제로는 지도 보는 법만 가르칠 뿐이다. 아이는 도시와 나라, 강의 이름은 배우지만, 그 지명들이 자신이 공부한 지도 위가 아니라 실제로 존재한다는 사실은 상상조차 하지 못한다.

어디선가 이렇게 시작하는 지리책을 본 기억이 난다. "세계란 무엇일까? 바로 두꺼운 종이로 만든 지구본이다." 아이에게 가르치는 지리 교육이 바로 이런 수준이다. 단언컨대, 천구와 우주 지리를 2년 동안 공부했다고 해도, 배운 지식을 바탕으로 파리에서 생드니까지 스스로 찾아갈 수 있는 열 살짜리 아이는 단 한 명도 없다.

마찬가지로, 자기 아버지 집 평면도를 보면서도 헤매지 않고 정원의 구불구불한 길을 따라 나아갈 수 있는 아이도 없을 것이다. 헛똑똑이들만 넘쳐나는 세상이다. 베이징, 이스파한, 멕시코, 그리고 전 세계 모든 나라들이 어디에 있는지 줄줄 외울 수 있다고 해서 실제로 도움이 되긴 할까?

아이들에게 단순히 눈으로 보기만 하면 되는 공부를 시키는 게 좋다는 말을 종종 듣는다. 실제로 그런 공부가 있다면 괜찮을 수도 있겠지만, 내가 알기론 그런 공부는 어디에도 없다.

더욱 가관은 아이에게 역사를 가르치는 것이다. 사람들은 역사 교육이 아이의 수준에 맞다고 착각한다. 역사를 단지 사실들을 모아 놓은 기록으로만 보기 때문이다. 그런데 '사실'이라는 말은 도대체 무슨 의미일까? 역사적 사실을 구성하는 관계들을 파악하는 일이 만만해 보여서, 아이의 머릿속에 역사 개념이 쉽게 형성된다고 생각하는 걸까? 사건의 원인이나 결과를 제대로 이해하지 못한 채, 사건 자체를 이해하는 것이 과연 가능한 일일까? 역사와 도덕의 깊은 관련성을 알지 못해 따로따로 가르쳐도 된다고 생각한 것은 아닐까?

인간의 행동에서 오직 겉으로 드러나는 물리적 움직임만 고려한다면, 도대체 역사에서 무엇을 배울 수 있을까? 이런 식이라면 애초에 배웠다고 할 수도 없다. 겉껍데기만 외우는 역사 공부로는 흥미를 느낄 수도 없고, 깨달음을 얻을 수도 없으며, 심지어 배움의 즐거움조차 경험하지 못한다.

만약 역사적 사건들을 도덕적 상관관계를 통해 가르치고 싶다면, 먼저 아이가 이 관계를 이해할 수 있는지부터 시험해보아야 한다. 그러면 역사 교육이 정말 아이의 발달 수준에 알맞은지 분명히 드러날 것이다.

독서와 언어는 늦게,
현실과 사물이 먼저

❖ 단어 암기, 지식이 아니다

단어만 외우게 하는 지식은 애초에 학문이라고 할 수 없다. 단순 암기는 교육이 아니다. 따라서 모든 학습이 이런 방식으로 이루어진다면, 아이에게 유익한 공부란 없다.

개념이 제대로 형성되지 않았다면 기억도 진짜 기억이 아니다. 나는 단지 감각만 저장했다 꺼내는 능력을 기억이라고 하지 않는다. 아이에게 아무 의미도 없는 온갖 기호들을 머릿속에 억지로 욱여넣는 게 무슨 소용일까?

사물에 대해 알게 되면 사물을 지칭하는 말도 자연스럽게 배우게 된다. 그렇다면 쓸데없이 같은 걸 두 번 배울 필요가 있을까?

그럼에도 불구하고 아이에게는 아무 의미도 없는 단어들을 지식으로 착각하게 만들며, 어릴 때부터 얼마나 위험한 편견들을 심어 주고 있는 걸까?

아이는 처음으로 내뱉은 의미 없는 말에 뿌듯해 한다. 스스로 어떤 쓸모가 있는지조차 모르면서 남의 말을 곧이곧대로 받아들이는 순간부터 판단력을 잃는다. 어리석은 이들의 눈에는 한동안 아이의 모습이 눈부셔 보일지 모르지만, 무너진 판단력을 회복하기까지는 오랜 시간이 걸린다.

❖ 유연한 뇌에는 현실과 사물이 먼저

자연의 은총으로 아이는 유연한 뇌를 가지고 있다. 이 뇌는 온갖 자극을 거부감 없이 받아들이기에 적합하다. 결코 왕의 이름, 연대, 귀족 가문의 문장, 천체, 지리와 같은 전문 용어들을 새겨 넣으라고 허락된 능력이 아니다. 이런 단어들은 양만 많을 뿐 아이의 나이에 아무 의미도 없고, 사실 어떤 나이에도 쓸모가 없다.

무의미한 단어들이 흘러넘쳐 아이의 어린 시절을 헛되고 결실 없는 시간으로 만든다면, 그것은 자연의 뜻을 거스르는 것이다. 아이의 유연한 뇌는 자연의 선물이다. 아이가 실제로 이해할 수 있고 삶에 도움이 되는 개념들, 행복에 관련된 생각들, 그리고 언젠가 자신이 지녀야 할 의무를 비춰줄 사유들이 어린 시절부터 지워지지 않는 글씨로 새겨지기를 바라는 마음에서 자연이 내린 축복이다. 이 모든 것은 아이의 삶을 이끌며, 아이가 자신의 존재와 능력에 걸맞은 삶을 살도록 평생 길잡이가 되어줄 것이다.

책을 펼쳐 공부하지 않더라도, 아이의 기억력은 아무것도 하지 않은 채 쉬고 있는 게 아니다. 아이는 보고 듣는 모든 것에 민감하게 반응하고 기억한다. 다른 사람들의 행동과 말은 차곡차곡 기록되고, 아이를 둘러싼 주변 환경은 일종의 책처럼 작용한다. 아이는 의식하지 못한 채 이 책 속에 기억을 계속 채워넣는다.

훗날 판단력이 생기면 이 기억들은 살아있는 지식으로 활용된다. 따라서 기억력을 올바르게 기르기 위해 필요한 참교육의 핵심은 아이에게 어떤 대상을 노출하고, 어떤 대상을 감출지 신중히 선택하는 것이다. 아이가 이해할 수 있는 대상은 반복해 보여주고, 아직 몰라야 할 대상은 철저히 숨겨야 한다. 그렇게 함으로써 아이의 머릿속에는 지식을 저장할 창고가 세워진다. 그 안에는 유익한 지식들이 차곡차곡 쌓인다. 이 지식들은 어린 시절의 교육에서만 소모되는 것이 아니라, 앞으로의 삶에서도 실질적인 자산이 되어준다.

❖ 독서는 늦게, 배움은 욕망으로

독서는 어린 시절을 망치는 재앙이며, 어른들이 아이에게 시킬 줄 아는 거의 유일한 활동이다. 에밀은 열두 살이 되어서야 비로소 책이 무엇인지 알게 될 것이다. 하지만 적어도 글자를 읽을 줄은 알아야 하지 않겠냐고 반박하는 사람들이 있을 수도 있다. 나도 그 말에는 동의한다. 독서가 아이에게 실제로 도움이 되는 순간이 온다면, 그때는 확실히 글을 읽을 줄 알아야 한다. 그러나 그 전까지 독서는 아이를 지루하게 만들 뿐, 아무 쓸모도 없다.

아이가 복종한다고 해서 원하지 않는 일을 억지로 시켜선 안 된다. 결국 아이는 지금 실질적으로 유익하다고 느끼는 것만 배우려 할 것이다.

그렇다면 도대체 어떤 동기를 불어넣어야 아이가 배우겠다는 마음을 먹을까? 예컨대 글을 알면, 당장 곁에 없는 사람에게 말을 걸고 그로부터 답을 들을 수도 있다. 또한 멀리 떨어져 있어도 매개자 없이 감정, 의지, 욕망을 전달하는 것이 가능하다. 이처럼 읽고 쓰는 능력은 나이에 상관없이 누구에게나 실질적인 도움을 준다. 그런데 대체 무슨 이유로 이처럼 유용하고 매력적인 소통 방법이 어린 시절의 악몽이 되어버린 걸까? 이유는 간단하다. 아이가 원하지도 않는데 억지로 글을 배우라고 몰아붙이고, 전혀 이해하지 못하는 방식으로 글을 읽고 쓰게 강요하기 때문이다.

아이는 자신을 괴롭히는 도구를 잘 다루고 싶어 하지 않는다. 하지만 그 도구로 재미있는 경험을 하게 해주면, 곧 시키지 않아도 스스로 실력을 갈고닦는 데 몰두하게 될 것이다.

사람들은 아이에게 읽기를 가르치기 위한 최선의 방법을 찾느라 야단법석을 떤다. 책상이며 카드며 새로운 도구를 만들어내고, 급기야 아이의 방을 인쇄소처럼 만들어버린다. 로크는 아이가 주사위를 가지고 놀면서 글자를 익히길 바랐다. 그야말로 기발한 발상이다.

그러나 안타깝게도 훨씬 더 확실한 방법이 있는데도 정작 떠올리지 못한다. 그것은 바로 '배우고자 하는 욕망'이다. 아이에게 이 욕망을 심어주기만 하면 된다. 책상이니, 주사위니 하는 온갖 도구는 더 이상 필요 없다. 어떤 방식이든 다 효과가 있을 것이다.

현재 아이가 가지고 있는 관심이야말로 가장 강력한 원동력이다. 확실하게, 그리고 멀리까지 이끌 수 있는 유일한 동기라고 해도 무방하다.

에밀은 가끔씩 아버지, 어머니, 친척, 친구들로부터 초대장을 받는다. 저녁 식사, 산책, 뱃놀이, 축제와 같은 공개 행사에 함께 가자는 내용이다. 이 초대장에 담긴 글은 짧고, 명확하고, 잘 쓰였다. 그러나 에밀에게는 이런 초대장을 대신 읽어줄 사람이 필요하다. 하지만 그런 사람이 항상 제때에 곁에 있지 않다. 때로는 전날 에밀이 무례하게 굴었던 일을 기억하고, 그만큼 냉정하게 대하며 되갚아주는 경우도 있다. 그 결과 기회는 날아가고 중요한 때를 놓쳐버리고 만다.

마침내 누군가가 에밀에게 초대장을 읽어준다. 하지만 이미 늦었다. "아! 스스로 읽을 줄만 알았더라면!" 그리고 또 다른 초대장들이 도착한다. 글은 정말 짧다. 내용도 너무 흥미롭다. 그래서 이번에는 직접 읽어보고 싶은 마음이 생긴다. 어떤 때는 도움을 받기도 하고, 다른 때는 거절당하기도 한다.

에밀은 열심히 애쓴 끝에 마침내 초대장의 절반을 해독해낸다. 아마 내일 달콤한 디저트를 먹으러 가자는 이야기 같은데, 어디에서 누구와 함께 가는지는 아직 모른다. 그러나 남은 문장을 읽어내고 싶은 마음이 얼마나 간절하겠는가! 에밀에게 책상이 필요할 것 같지는 않다.

나는 에밀이 열 살이 되기 전에 읽고 쓰는 법을 완벽하게 익히리라 거의 확신한다. 왜냐하면 나는 그가 열다섯 살이 되기 전까지 글을 읽고 쓰는 문제에 조금도 관심을 두지 않을 생각이기 때문이다. 하지만 만약 글을 가르친다는 명목 아래 능력을 꽃피울 수 있는 모든 조건을 대가로 희생해야 한다면, 차라리 에밀이 평생 글을 모르는 편이 나을 것 같다.

  사는 내내 글을 싫어하게 된다면, 읽고 쓸 줄 안다고 해도 무슨 의미가 있을까? 무엇보다 명심해야 할 것이 있다. 아이가 아직 공부를 즐길 줄 모를 때 억지로 공부를 강요해서는 안 된다. 공부와 관련해 한 번이라도 쓴맛을 보게 되면, 그 기억은 유년기를 지나서도 오래도록 아이를 뒷걸음질 치게 만들 수 있기 때문이다.

✤ 소극적 교육은 방임이 아니다

내가 나의 '소극적 교육법'을 강조할수록, 반박의 목소리가 더욱 커지는 게 느껴진다. 하지만 나는 결코 아이를 방임해도 된다고 주장하는 것이 아니다. 아무것도 가르치지 않은 채 아이를 내버려 두면, 아이는 결국 인간이 만든 세상을 스승으로 삼는다.

  교육자가 진리로 오류를 미리 막지 않는다면, 아이는 거짓을 배우게 된다. 아이에게 편견을 심어줄까봐 걱정스럽겠지만, 그렇다고 아무 개입도 하지 않고 지켜만 본다면, 아이는 오히려 주변 모든 것으로부터 편견을 주입받을 위험에 처한다. 편견은 아이의 모든 감각을 통해 스며들어, 이성이 자리 잡기도 전에 그 자리를 폐허로 만들 것이다.

아니면 오랫동안 아무런 활동도 하지 않아 굳어버린 정신은 결국 물질주의에 빠져들 가능성이 크다. 어린 시절에 스스로 생각하는 습관을 들이지 않으면, 아이는 남은 평생을 사고할 줄 모른 채 살아가게 된다.

이처럼 얼마든지 쉽게 답변할 수 있을 것 같다. 하지만 꼭 모든 반박에 일일이 응해줘야 할까? 내 교육 방식이 그 자체로 반박의 답변이 된다면 올바른 방식이라는 뜻이다. 그러나 그렇지 못하다면, 그 교육법은 아무런 가치도 없다. 이제 원래 하던 이야기를 계속하겠다.

❖ 현실에 뿌리내린 지성, 몸의 힘이 토대다

나는 지금 기존의 통념과는 정반대되는 교육 계획을 조금씩 그려가고 있다. 그 규칙들을 따라 아이를 가르친다고 가정해보자. 아이의 정신을 현실과 동떨어진 먼 곳으로 내몰지 말고, 자기 내면을 들여다보게 해야 한다. 다른 장소, 다른 환경, 다른 시대, 세상의 끝이나 심지어 하늘나라까지 떠돌게 하는 대신, 지금 이 순간 자기 삶과 직접 맞닿은 일에 집중하도록 만들어야 한다.

그때야 비로소 아이는 느끼고, 기억하고, 심지어 이성적으로 생각할 수도 있을 것이다. 이것이 바로 자연의 순리다. 감각적 존재에서 능동적 존재로 성장함에 따라 인간은 자기 능력에 비례한 분별력을 갖추게 된다. 그리고 생존에 필요한 힘을 제외하고도 힘이 남아돌아야, 그 여분의 힘을 다른 용도로 활용할 수 있는 사고 능력이 발달한다.

제자에게 지성을 길러주고 싶은가? 그렇다면 지성이 작동할 토대인 힘부터 길러야 한다. 끊임없이 단련시켜 튼튼하고 건강한 몸을 만들어야 현명하고 이성적인 사람으로 자랄 수 있다. 실컷 뛰어놀게 하고, 스스로 판단해 행동하게 하고, 달리고 소리 지르고 언제나 끊임없이 움직이게 해야 한다. 먼저 신체적으로 건강한 인간이 되게 하면, 머지않아 건강한 이성을 갖춘 인간이 될 것이다.

그러나 아이를 매 순간 통제하며 "가라, 와라, 거기 있으라, 이거 해라, 그건 하지 마라." 하고 사사건건 참견한다면, 그 교육 방식은 아이를 멍청하게 만들 뿐이다. 교육자가 늘 머리 역할을 하고, 아이는 수족처럼 따르기만 한다면 아이 자신의 머리는 점점 쓸모없어질 것이다.

이쯤에서 우리가 미리 합의한 내용을 떠올려주길 바란다. 지식만 앞세우며 잘난 척하는 현학자는 굳이 내 글을 읽을 필요도 없다. 신체 활동이 정신 작용에 악영향을 미친다고 생각하는 것은 터무니없는 오해다. 마치 몸과 마음이 함께 조화를 이루면 안 되고, 둘 중 하나가 앞장서면 큰일이라도 나는 것처럼 착각하는 셈이다.

몸이 먼저이고,
지성은 뒤따르는 것이다

❖ 몸이 강할수록 아이의 이성도 강해진다

아이에게 신체활동을 금지해 아무리 몸을 무르게 만들어도, 그만큼 아이의 생각이 더 유연해지지는 않는다. 오히려 정반대다. 가장 쓸모없어 보이는 일들에 아이가 가진 얼마 안 되는 이성을 억지로 소모하게 만들면, 아이의 마음속에서 이성의 가치는 바닥을 치게 된다. 이성이 무슨 쓸모가 있는지 단 한 번도 느껴본 적이 없으니, 결국 아이는 이성이 아무짝에도 쓸모없는 능력이라고 단정 짓는다.

아이가 잘못된 추론을 한다고 해도 최악의 경우라고 해봐야 야단 한 번 듣는 게 전부다. 그마저도 워낙 자주 겪는 일이라, 아이는 아무렇지도 않게 여긴다. 벌을 너무 자주 받으면 더 이상 무서워하지도 않는다.

겉보기에는 아이가 제법 총명해 보일 수도 있다. 실제로 여성들과 시시덕댈 때는 앞서 말한 그 특유의 말투로 어느 정도 재치를 발휘하기도 한다. 하지만 정작 몸소 책임을 져야 하는 상황에 놓이거나 어려운 국면에서 결단을 내려야 할 때가 오면, 아이의 모습은 천민의 자식보다 백배는 더 어리석고 무능해 보일 것이다.

내 제자, 아니 보다 정확히 말하자면 자연의 제자는 가능한 한 이른 시기부터 자립할 수 있도록 훈련을 받아왔다. 그래서 습관처럼 자꾸만 남에게 의지하려 들지 않는다. 하물며 자신의 지식을 과시하는 일은 더더욱 없다.

그 대신, 자신과 직접적으로 관련된 모든 사안에 대해서는 판단하고, 예측하고, 이성적으로 사유할 줄 안다. 쓸데없이 떠들기보다는 행동으로 보여준다. 세상에서 무슨 일이 벌어지는지는 전혀 알지 못하지만, 자신의 능력으로 감당할 수 있고 삶에 꼭 필요한 일은 아주 잘해낸다. 끊임없이 움직이기 때문에 자연스럽게 많은 것을 관찰하고, 그 과정에서 다양한 결과를 접하게 된다. 그 결과, 어린 나이부터 풍부한 경험을 쌓는다. 사람이 아니라 자연에게서 배운 것이다. 무엇보다도, 누군가 자신을 가르치려 한다는 압박을 느끼지 않아서 오히려 더 잘 배운다.

　이와 같이 몸과 정신을 동시에 단련한다. 언제나 타인의 생각이 아니라 자신의 생각에 따라 행동하기 때문에, 사고와 실천이라는 두 작용을 끊임없이 결합해나간다. 몸이 강해지고 튼튼해질수록 이성도 점점 더 분별력 있고 신중해진다.

　이것이야말로 언젠가 우리가 양립할 수 없다고 여겨온 두 가지를 모두 갖출 수 있는 방법이다. 거의 모든 위대한 인물들이 겸비했던 것처럼 육체의 힘과 정신의 힘, 즉 현자의 이성과 운동선수의 활력을 함께 손에 넣을 수 있다.

❖ 수면은 운동과 짝을 이룬다

아이는 오랜 시간 잠을 자야 한다. 그만큼 격렬하게 움직이기 때문이다. 수면과 운동은 서로를 보완해주는 관계로, 아이에게는 이 두 가지가 반드시 필요하다. 따라서 자연의 시간표대로, 밤에는 아이가 꼭 휴식을 취하게 해야 한다.

　태양이 지평선 아래로 사라져야 더욱 평온하게 단잠을 잘 수 있다. 이는 언제나 반복적으로 관찰되는 자연의 이치다. 태양빛에 데워진 공기가 우리의 감각을 자극해 몸이 차분한 상태를 유지할 수 없기 때문이다. 가장 이로운 습관은 태양과 함께 일어나고 태양과 함께 잠드는 것이다.

프랑스를 기준으로 유럽의 온대 기후에서는 인간과 모든 동물이 일반적으로 여름보다 겨울에 더 오래 잠을 자야만 한다. 하지만 문명화된 인간의 삶은 그리 단순하지도, 자연스럽지도 않다. 갑작스러운 변화나 돌발 상황이 끊임없이 발생한다. 따라서 일정한 생활 리듬에 길들여져 그 틀에서 벗어나면 견딜 수 없을 정도가 되어선 안 된다.

물론 규칙을 따르는 것은 중요하다. 하지만 진정으로 필요한 순간에는 규칙을 어겨도 아무런 문제가 없어야 한다. 그러니 아무런 목적 없이, 아이가 단 한 번도 깨지 않고 아침까지 이어지는 편안한 잠에 지나치게 익숙해지도록 방치해서는 안 된다. 이런 습관은 아이를 나약하게 만들 뿐이다.

우선, 아무 걱정 말고 아이를 자연의 법칙에 맡겨야 한다. 하지만 한 가지 잊지 말아야 할 것이 있다. 인간 사회에서 살아가려면 아이는 자연의 법칙을 넘어설 수 있어야 한다. 늦게 자고, 아침 일찍 일어나고, 갑자기 잠에서 깨거나 밤을 새워도 아무런 지장이 없어야 한다는 뜻이다.

충분히 이른 시기에, 천천히 그리고 단계적으로 같은 자극에 익숙해지게 만들면 체질을 단련시킬 수 있다. 하지만 몸이 다 자란 뒤에 갑자기 자극에 노출시키면 아이를 망가뜨리게 된다. 먼저 불편하게 자는 데 익숙해지게 해야 한다. 그렇게 해야 어떤 환경에서도 불편함을 느끼지 않는다.

삶은 어느 정도 고단해야 한다. 일단 이런 생활에 익숙해지면 오히려 더 많은 즐거움을 누릴 수 있다. 반면 나태하게 살면 불평불만이 끝이 없다. 너무 곱게 자란 사람은 깃털 이불 위에서가 아니면 좀처럼 잠들지 못한다. 반면 딱딱한 나무판자 위에서 자는 데 익숙한 사람은 어디서든 곧잘 잔다. 눕자마자 잠드는 사람에게 불편한 잠자리란 없다.

푹신한 침대, 깃털 이불이나 오리털 이불 속에 파묻혀 자는 습관은, 말하자면 몸을 녹이고 허물어뜨린다. 신장을 포함한 내장기관을 너무 따뜻하게 감싸면 열이 치솟는다. 그렇게 하면 결석이나 다른 질환들이 자주 생기고, 결국엔 틀림없이 모든 질병에 쉽게 걸리는 허약한 체질이 된다.

가장 좋은 잠자리란 가장 잘 잘 수 있는 환경이다. 그래서 낮 동안 에밀과 나는 그런 환경을 만들기 위해 준비한다. 우리에겐 잠자리를 손봐줄 페르시안 노예가 필요 없다. 우리는 부지런히 몸을 움직여 편안하게 잠들 수 있는 조건을 갖춰놓는다.

❖ 잠과 깨움도 교육이다

직접 겪어보니 확실히 알게 된 사실이 하나 있다. 아이가 건강하기만 하면, 재우고 깨우는 일은 원하는 대로 조절이 가능하다.

아이가 잠자리에 누워 쉴 새 없이 재잘거리며 보모를 성가시게 하면, 보모는 "어서 자"라고 말한다. 하지만 그건 마치 아이가 아플 때 "빨리 건강해져야지!"라고 말하는 것과 다를 바 없다. 그러나 아이는 그런 말로 잠들지 않는다.

아이를 재우는 가장 좋은 방법은 아무런 자극을 주지 않는 것이다. 그러면 아이는 심심해 하다가 잠에 빠져든다. 아이가 입을 다물 수밖에 없을 정도로 말을 쉴 새 없이 쏟아내면 아이는 곧 잠들 것이다. 지루한 설교도 어쨌든 쓸모는 있다. 재우는 데는 잔소리나 자장가나 마찬가지다. 다만, 이런 식으로 말을 수면제로 활용해도 되는 건 밤뿐이다. 낮에는 절대 말로 아이를 압도하려 해선 안 된다.

나는 때때로 에밀을 일부러 깨운다. 너무 오래 자는 습관이 들까봐서가 아니라, 갑자기 잠에서 깨더라도 아무렇지 않을 정도로 어떤 상황에도 적응할 수 있기를 바라서다. 게다가 에밀이 자신의 의지로는 잠에서 깨어나지 못한다면, 다시 말해 내가 굳이 말로 깨우지 않는 이상 내 뜻에 따라 일어나게 할 수 없다면, 나는 교육자로서 실격이다.

아이가 충분히 자지 못했을 때는, 다음 날 아침에 아주 지루한 일정이 기다리고 있다고 살짝 귀띔을 해준다. 그러면 아이는 그 시간을 잠으로 때울 수 있다면 이득이라고 판단할 것이다. 반대로 너무 오래 잤을 때는, 눈을 뜨자마자 아이가 좋아할 만한 재미있는 활동을 소개한다.

아이를 정해진 시간에 깨우고 싶을 때는 이렇게 말한다. "내일 아침 여섯 시에 낚시하러 가거나 어디 산책하러 가려고 해. 같이 가고 싶니?" 그러면 아이가 가고 싶다며 꼭 깨워달라고 부탁할 것이다. 나는 상황에 따라 약속하기도 하고, 일부러 거절하기도 한다. 만약 아이가 늦잠을 자면, 눈을 떴을 때 나는 이미 출발한 뒤다. 곧, 스스로 일어나지 못하면 자신만 손해라는 사실을 깨달을 것이다.

그 외에도, 아주 드물긴 하지만, 만약 아이가 천성적으로 무기력하게 태어나 나태한 생활에 빠져버린다면 가만히 내버려둬서는 안 된다. 그대로 방치하면 아이는 점점 더 무기력해져 결국엔 아무것도 하지 않게 될지도 모른다. 이런 경우엔 아이를 다시 일으켜 세울 수 있는 적절한 자극을 줘야 한다.

물론 아이를 억지로 행동하게 만들어야 한다는 이야기가 아니다. 아이가 스스로 움직이도록 유도하려면, 무엇보다 아이의 안에서 자연스럽게 일어나는 욕구를 자극해야 한다. 단, 어떤 욕구를 활용할지는 반드시 자연의 질서에 따라 신중하게 선택해야 한다. 이 욕구 하나로 동시에 두 가지 목적을 이룰 수 있다.

감각의 학교!
만지고, 재고, 그리며 배운다

✤ 아이의 첫 스승은 발, 손, 눈

고양이가 처음으로 방에 들어가는 모습을 관찰해보면, 이리저리 살피고, 눈으로 둘러보고, 냄새도 맡으며, 잠시도 가만히 있지 않는다. 모든 것을 확인하고 파악한 뒤에야 비로소 마음을 놓는다. 아이도 마찬가지다. 걷기 시작하면서 말하자면 세계라는 공간 속으로 한 걸음 내딛는 셈이다.

아이와 고양이 모두 시각을 가지고 있지만 중요한 차이가 있다. 아이는 주변을 관찰하기 위해 자연이 준 손을 함께 사용하고, 고양이는 자연이 부여한 예민한 후각으로 정보를 얻는다. 이러한 성향을 어떻게 발전시키느냐에 따라 아이는 민첩하거나 둔해지고,

생기발랄하거나 무기력해지며, 신중하거나 경솔해질 수 있다.

그래서 인간은 자연스럽게 가장 먼저 자신을 둘러싼 모든 것에 직접 부딪쳐보려 하고, 눈앞에 있는 사물에서 자신과 관련이 있을 수 있는 성질들을 감각을 통해 시험해본다. 따라서 인간이 처음으로 하게 되는 공부는 자기 보존과 직접 관련된 일종의 실험적 자연학이다.

그런데 이 중요한 공부는 정작 아이가 세상에서 자신의 자리를 인식하기도 전에 추상적인 학문으로 인해 방해받는다. 아직 예민하고 유연한 아이의 기관들이 앞으로 다룰 사물에 맞춰 조정될 수 있고, 순수한 감각들이 오염되지 않은 상태일 때야말로 기관과 감각을 각각의 기능에 맞게 훈련시켜야 한다. 이 시기에 감각적 경험을 통해 사물들이 우리와 어떻게 관계를 맺는지 배워야 한다.

인간의 이해력으로 파악할 수 있는 모든 정보는 감각을 통해 수집되기 때문에, 인간의 첫 번째 이성은 감각에 기반한 이성이다. 이 이성이야말로 지성적 이성의 토대가 된다. 즉 우리의 첫 철학 스승은 다름 아닌 발, 손, 눈이다.

감각과 경험을 통한 학습을 모두 책으로 대체해버리면 스스로 사고하는 방법을 배울 수 없다. 대신 타인의 이성에 의존하는 습관만 들일 뿐이다. 그 결과 많은 것을 곧이곧대로 믿도록 길러져 정작 자기 힘으로는 아무것도 알지 못하게 된다.

예술을 하려면, 우선 그 예술에 필요한 도구부터 갖춰야 한다. 그리고 도구를 제대로 활용하려면 반복적인 사용에도 거뜬히 견딜 수 있을 만큼 튼튼해야 한다. 생각하는 법을 배우려면, 지성의 도구인 팔다리, 감각, 기관을 먼저 훈련시켜야 한다. 이 도구들을 최대한 효과적으로 쓰려면 본체인 몸이 튼튼하고 건강해야 한다.

따라서 인간의 진정한 이성이 신체와 무관하게 형성된다는 생각은 실제 사실과 거리가 멀다. 균형 잡힌 신체야말로 정신 작용을 수월하고 안정되게 만들어준다.

❖ 주입 대신, 감각과 판단을 훈련시켜라

어린 시절, 오랫동안 여유로운 이 시간을 어떻게 활용해야 하는지 설명하기 위해 이제부터 다소 우스꽝스러워 보일지도 모르는 세부적인 이야기를 해보려 한다. 누군가는 이렇게 비꼴지도 모른다. "정말 우스운 수업이다. 누구도 배울 필요 없는 걸 억지로 가르친다니, 결국 스스로가 비판했던 방식을 고스란히 답습하는 꼴이군. 아무런 노력도 하지 않고, 정성을 쏟지 않아도 저절로 익히게 될 것을 왜 굳이 따로 시간까지 써가며 가르치려 하는 걸까? 열두 살 아이치고 당신이 가르치려는 이 모든 걸 모르는 아이가 과연 있을까? 게다가 그 또래 아이들은 이미 다른 선생에게서 그것보다 더 많은 걸 배웠을 텐데?"

모두 틀렸다. 나는 내 제자에게 아주 오랫동안 무척 배우기 어려운 예술을 가르치고 있다. 다른 아이들은 절대 배우지 못한 예술이다. 바로 '나는 모른다'고 인정할 줄 아는 법이다. 사실상 자기가 아는 것만 진실이라고 믿는 사람의 지식은 매우 보잘것없는 수준에 머물 수밖에 없다.

보통은 아이에게 직접 지식을 주입하려고 한다. 뭐, 좋다. 하지만 나는 지식을 스스로 얻을 수 있는 도구를 갈고닦는 법을 집중해서 가르친다.

아이는 어른보다 키도 작고, 힘도 약하고, 이성도 아직 미숙하다. 그러나 시각과 청각은 어른 못지않게, 혹은 엇비슷한 수준으로 발달해 있다. 미각은 조금 덜 섬세할지라도 충분히 예민하다. 후각 역시 냄새를 잘 구분할 만큼 훌륭하다. 다만 성인처럼 향기를 감각적으로 즐기거나 탐닉하지 않을 뿐이다.

우리 안에서 가장 먼저 형성되고 정교해지는 능력은 감각이다. 그러므로 가장 먼저 길러야 할 능력도 바로 감각이다. 그런데도 우리는 이 감각만 유독 잊고 지내거나 가장 소홀히 다룬다.

감각을 훈련한다는 것은 단순히 감각을 사용하는 데 그치지 않는다. 감각을 통해 올바르게 판단하는 법을 배우는 일이며, 말하자면 느끼는 법 자체를 배우는 과정이다. 왜냐하면 우리는 배운 만큼만 만지고, 보고, 들을 수 있기 때문이다.

본능이나 반사 반응에 따라 자연스럽게 하게 되는 신체 활동과 단순히 근육을 반복 자극하는 신체 단련은 몸을 튼튼하게 만들 뿐, 판단력을 키우는 데는 아무런 도움이 되지 않는다. 수영, 달리기, 높이뛰기, 막대나 끈으로 물건 후려치기, 돌 던지기 같은 활동이 그렇다. 물론 이런 운동도 유익하다.

하지만 우리 몸에 팔다리만 있나? 눈도 있고, 귀도 있는데? 이 감각기관들이 괜히 붙어 있을까? 팔다리를 제대로 쓰려면 감각이 반드시 필요하다. 그러니 단지 힘만 기를 게 아니라, 그 힘을 조절하는 감각을 함께 단련해야 한다.

각각의 감각이 가진 잠재력을 최대한 끌어내고, 하나의 감각으로 인지한 현상을 다른 감각으로 교차 확인하는 습관을 들이는 것이 좋다. 측정하고, 계산하고, 무게를 달고, 비교하도록 지도해야 한다. 힘을 쓰기 전에 먼저 저항의 정도를 가늠하고, 어떤 수단을 쓰든 결과를 예측하도록 가르쳐야 한다.

아이가 힘이 부족해서 실패하거나 지나치게 힘을 써 불필요한 수고를 하지 않도록, 자신의 힘을 조절하는 데 관심을 갖게 만들어야 한다. 아이가 하는 모든 행동의 결과를 미리 예측하는 데 익숙해지고, 경험을 통해 스스로 실수를 바로잡게 된다면, 행동하면 할수록 더욱 분별력 있는 아이로 자라날 것이다.

무거운 물체를 움직여야 할 때, 지렛대를 너무 길게 잡으면 쓸데없는 움직임이 많아지고, 반대로 너무 짧게 잡으면 충분한 힘을 낼 수 없다. 아이는 직접 경험해보면서 자기에게 꼭 맞는 막대기를 어떻게 골라야 하는지 배운다.

겉으로 보기엔 어른의 지혜처럼 보일지 모르지만, 아이도 충분히 익힐 수 있는 수준이다. 무거운 짐을 들어야 하는 상황에서, 아이가 자신이 감당할 수 있는 최대한의 무게를 들고 싶어 하면서도 실제로 들어보지 않고 짐을 고른다면, 결국 눈으로 그 무게를 가늠할 수밖에 없지 않을까?

같은 재료에 크기만 다른 물체들을 비교할 수 있게 되었다면, 이제는 크기는 같지만 재료가 다른 물체들 가운데 어느 쪽이 더 무거운지 고르게 해보자. 그러면 아이는 결국 각 물체의 비중을 대조하는 수준까지 도달할 것이다.

나는 교양 있고, 교육도 잘 받은 한 청년을 본 적이 있다. 그는 참나무 톱밥으로 가득 찬 양동이가 같은 양의 물이 들어 있는 양동이보다 가볍다는 사실을 실제로 실험해보기 전까지는 도무지 믿으려 하지 않았다.

✦ 빛 없이 어둠 속에서 배우는 촉각 훈련

감각은 저마다 다르게 발달한다. 따라서 우리는 모든 감각을 같은 수준으로 자유롭게 다루지 못한다. 그 가운데 하나, 촉각은 깨어 있는 동안 단 한순간도 멈추지 않는다. 우리 몸 전체에 퍼져 있어 늘 깨어 있는 보초병처럼 몸을 해칠 수 있는 자극을 감지하고 우리에게 경고한다.

또한 촉각은 우리의 의지와 무관하게 끊임없이 작동하기 때문에, 우리가 가장 먼저 경험하게 되는 감각이다. 그래서 이 감각만큼은 별도의 특별한 훈련이 필요 없다. 관찰해보면 쉽게 알 수 있듯, 시각장애인들은 우리보다 촉각이 훨씬 더 정확하고 섬세하다. 우리는 시각으로 판단을 내리지만, 그들은 시각이 전달해주는 정보를 얻지 못하기 때문에 오직 촉각에 의지해 가늠한다.

그렇다면 우리는 왜 시각장애인들처럼 어둠 속을 걸을 수 있도록 훈련받지 않는 걸까? 왜 손이 닿는 물체를 감지하고, 주변 사물을 인식하며, 요컨대 그들이 낮에 시각 없이도 해내는 일을 빛 없는 밤에 해낼 수 있도록 가르치지 않는 걸까?

태양이 떠 있는 동안에는 우리가 그들보다 우위에 있을지 모르지만, 어둠이 내리면 이번에는 그들이 우리의 길잡이가 된다. 우리는 삶의 절반을 맹인처럼 살아간다. 밤이 되면 한 발짝도 쉽게 내딛지 못하고 망설이지만, 시각장애인들은 언제나 스스로 길을 찾는다.

이렇게 말하면 "우리에겐 빛이 있잖아"라며 반박하는 사람이 있을지도 모른다. 참나, 또 도구에 의존하겠다고? 정말 꼭 필요할 때마다 도구가 곁에 있을 거라고 누가 확신할 수 있는가? 나는 에밀이 양초 불빛에 의존하기보다는 손끝에 눈을 가진 사람처럼 촉각만으로도 사물을 느끼고 구별하기를 바란다.

나는 넓은 방 안에 탁자, 소파, 의자, 칸막이 등을 배치해 일종의 미로를 만들 것이다. 여기에 여덟에서 열 개 정도의 벌칙 상자를 두고, 거의 똑같이 생긴 다른 상자에는 사탕을 가득 채워 숨긴다. 그리고 그 위치를 명확하면서도 간결한 말로 알려준다.

아이에게 주의력을 길러주고 싶다면 반드시 흥미로운 말, 지금 당장 체감할 수 있는 말만 해야 한다. 말이 길어져서는 안 되고, 불필요한 말도 해서는 안 된다. 그러나 동시에 모호하거나 중의적인 표현 역시 피해야 한다.

그런 다음 아이들에게 제비를 뽑게 하고, 차례로 미로 안에 들여보내 사탕 상자를 찾게 한다. 물론 아이들의 수준에 맞춰 난이도는 조절할 것이다.

자기 탐험이 너무도 자랑스러워 어쩔 줄 몰라 하며 상자를 들고 돌아오는 작은 헤라클레스를 상상해보라. 모두가 보는 앞에서 상자를 열었을 때, 기대했던 설탕절임 대신 부드러운 이끼나 솜 위에 정돈된 풍뎅이, 달팽이, 숯덩이, 도토리, 순무 같은 물건들을 발견한다면? 아이들은 즐거워하며 웃음을 터뜨리고 장난기 어린 야유를 보낼 것이다.

또 어떤 경우에는 막 새로 칠한 벽 근처에 장난감이나 작은 집기를 걸어두고, 아이에게 벽에 닿지 않고 물건을 가져오라 지시할 수도 있다. 만약 조건을 지키지 못하면 흔적이 남는다. 모자 끝이 하얗게 되거나 구두 끝, 옷자락, 소매에 자국이 묻을 것이다.

이런 종류의 놀이가 담고 있는 교육의 정신은 지금까지 말한 것만으로 충분히 전달된다. 어쩌면 지나치게 자세히 설명했는지도 모르겠다. 솔직히, 내가 일일이 모든 걸 다 알려줘야 한다면 차라리 내 글을 읽지 않는 게 낫다.

이처럼 훈련받은 사람이라면 밤이 되어도 남들보다 훨씬 뛰어난 능력을 발휘할 것이다. 어둠 속에서도 균형을 잡는 데 익숙해진 두 발, 주변 사물에 반응하도록 단련된 두 손은 칠흑 같은 암흑 속에서도 어려움 없이 움직일 수 있게 해준다.

어린 시절 밤에 즐겁게 놀았던 기억으로 상상력이 채워진 덕분에, 에밀은 웬만해서는 무서운 대상을 떠올리며 겁먹지 않는다. 어둠 속에서 웃음소리가 들리면 대부분은 귀신의 웃음소리를 떠올리겠지만, 에밀은 어린 시절 친구들의 웃음을 기억한다.

사람들이 모여 있는 장면을 상상할 때도 마녀들의 집회가 아니라, 어린 시절 지냈던 가정교사의 방을 떠올린다. 밤은 에밀에게 두려움의 대상이 아니라 유쾌한 기억의 원천이다. 에밀은 밤을 무서워하기는커녕 오히려 사랑하게 될 것이다.

✣ 도구를 벗어나, 감으로 재고 가늠하게 하라

걷고, 만져보고, 수를 세고, 치수를 재는 행동을 충분히 반복해야 비로소 사물의 크기를 추정하는 방법을 익힐 수 있다. 그런데 만약 항상 도구에만 의존해 측정한다면, 감각은 정확성을 기르지 못한 채 둔감해지고 만다. 그렇다고 해서 정확한 측정에서 곧바로 어림잡는 추정으로 건너뛰게 해서도 안 된다. 우선 전체를 한 번에 비교할 수 없는 경우에는 부분적으로 비교하는 방식을 반복

연습하게 해야 한다. 그리고 정확하게 나눈 기준 단위 대신 감으로 분할한 단위를 사용하도록 지도해야 한다.

항상 손으로만 측정하던 방식에서 벗어나, 이제는 눈으로 판단하는 습관을 길러야 한다. 그렇더라도 나는 아이가 처음 시도한 추정을 반드시 실제 측정을 통해 확인해야 한다고 생각한다. 그래야 아이가 자신의 오류를 바로잡을 수 있고, 왜곡된 인상이 남아 있더라도 교정을 통해 더 정확한 판단을 배우게 된다.

인간은 어느 곳에서나 거의 비슷하게 통용되는 자연적인 측정 단위를 가지고 태어났다. 사람의 걸음, 양팔을 벌린 길이, 키 등이 그것이다. 건물 한 층의 높이는 가정교사의 키를 기준으로 재어보고, 종탑의 높이는 주변 건물과 비교해 추정하며, 길의 거리는 걷는 시간을 계산해 알아보게 하면 된다.

그리고 무엇보다 중요한 점이 있다. 어른이 아이 대신 이 모든 일을 해주지 말고, 아이 스스로 하게 만들어야 한다.

✦ 실물로 그려야 보는 눈이 열린다

사물의 넓이나 크기를 올바르게 판단하려면, 사물의 형태를 알아보고, 더 나아가 직접 그려보는 훈련도 함께 이루어져야 한다. 왜냐하면 이러한 모사 행위는 본질적으로 원근법의 법칙에 기초하기 때문이다. 사물의 겉모습만으로 넓이를 가늠하려면, 이 법칙에 대한 감각적 이해가 전제되어야 한다.

아이들은 본래 뛰어난 모방자이기에 누구나 한 번쯤은 그림을 그려보려 한다. 나 역시 제자가 이 기술을 연습하길 바란다. 그러나 목적은 예술 자체가 아니다. 보는 눈을 정확히 기르고, 손놀림을 유연하게 만들기 위함이다. 특정한 기술을 아느냐의 여부는 중요하지 않다. 중요한 것은 훈련을 통해 감각을 예리하게 다듬고 몸에 올바른 습관을 새기는 일이다.

따라서 나는 아이에게 그림 선생을 붙여주지 않을 것이다. 그림 선생을 불러도 아이는 결국 이미 그려진 그림을 다시 모방할 뿐이다. 나는 아이가 자연 외에는 어떤 것도 스승으로 삼지 않기를 바란다. 실제 집을 보며 집을, 나무를 보며 나무를, 사람을 보며 사람을 그리게 해야 한다. 그래야 사물의 실제 형체와 겉모습을 관찰하는 습관을 기를 수 있다. 기호를 흉내 내는 것과 실물을 관찰하며 그리는 것을 동일시하게 해서는 안 된다.

나는 심지어 아이가 실물이 없는 상황에서 기억만으로 그림을 그리는 일조차 금지하려 한다. 반복적 관찰을 통해 사물의 정확한 형상이 상상력 속에 또렷이 새겨질 때까지는 허용하지 않겠다. 그렇지 않으면 현실의 사물 대신 왜곡된 형상이 머릿속에 자리 잡아, 비례 감각과 심미안을 잃을 위험이 있기 때문이다.

물론 이런 방식으로는 아이가 오랫동안 알아보기 어려운 낙서만 휘갈기게 될 것이다. 세련된 선이나 화가의 섬세한 필치는 늦게 익히게 될 수도 있다. 하지만 그 대신 아이는 정확한 관찰력, 안정된 손놀림, 사물의 실제 크기와 형태를 구분하는 안목, 원근법을 이해하는 직관을 얻는다. 바로 이것이 내가 추구하는 교육 방식이다. 목표는 사물을 그럴듯하게 그리는 기술이 아니라, 사물의 실체를 분명히 인식하는 능력이다.

게다가 나는 아이 혼자만 재미를 보는 것을 원하지 않는다. 아이와 함께 경험을 나누며 배움의 즐거움을 더해주고 싶다. 나는 아이의 경쟁자가 되어, 끊임없이 무해한 자극을 주는 존재가 되고자 한다. 그래서 아이가 스스로 흥미를 느끼며 몰입하도록 도울 것이다. 나도 연필을 들어 아이와 함께 서툰 손놀림으로 시작할 것이다.

시간이 지나면 우리 둘 중 한 명이 그림의 비율이 잘못되었음을 깨닫게 될 것이다. 다리에 두께가 있고, 그 두께는 균일하지 않으며, 팔 길이는 키에 비례한다는 사실을 배운다. 이 배움의 과정에서 나는 단지 아이 곁에서 나란히 걸을 뿐이다. 내가 앞서더라도 아주 조금일 것이며, 아이는 언제든 쉽게 따라잡거나 오히려 앞지를 수 있다.

    우리는 물감과 붓으로 사물의 색감과 형태를 재현하려 애쓴다. 채색도 하고, 그림도 그리고, 낙서도 한다. 그러나 아무리 낙서를 해도 자연을 관찰하는 눈길은 거두지 않는다. 자연을 직접 보지 않고는 우리는 그 어떤 것도 하지 않을 것이다.

아이의 음악교육은
감정보다 '구조'여야 한다

❖ 아이의 목소리는 아직 감정을 담지 못한다

인간은 세 종류의 목소리를 지니고 있다. 첫째는 평범하게 말할 때 조음 작용을 통해 내는 목소리, 둘째는 선율을 담은 노래하는 목소리, 셋째는 감정을 실은 억양 있는 목소리다. 마지막 목소리는 감정을 표현하는 언어가 되어, 말과 노래에 생기를 불어 넣는다.

아이도 어른처럼 이 세 가지 목소리를 모두 가지고 있다. 그러나 어른과 달리 이 목소리들을 능숙하게 하나로 어우르지 못한다. 웃음, 비명, 불평, 외침, 신음 같은 표현은 가능하지만 감정을 실은 억양을 말이나 노래 속에 자연스럽게 섞어내지 못한다.

완전한 음악이란 이 세 가지 목소리를 조화롭게 결합한 것이다.

그러나 아이는 그런 음악을 표현하지 못한다. 아이의 노래에는 아직 영혼이 깃들지 않았고, 말에도 억양이 거의 담기지 않는다. 소리를 지를 수는 있지만 감정을 실어 말하지는 못한다.

말에 억양이 거의 없으니 목소리에서 생동감도 느껴지지 않는다. 제자의 말투는 더욱 담백하고 단순할 것이다. 아직 감정이 깨어나지 않았기에, 감정을 실은 억양이 말 속에 전혀 섞이지 않기 때문이다.

그러므로 아이에게 비극이나 희극의 대사를 외우게 해서는 안 된다. 흔히들 말하듯, 말투를 꾸며 낭송하는 웅변 훈련도 시킬 필요가 없다. 아이는 사리 분별이 뛰어나기 때문이다. 자신이 이해하지 못하는 문장에 억양을 붙이거나, 한 번도 느껴보지 못한 감정을 표정으로 표현하려 들지 않는다.

✤ 꾸밈없이, 정확한 목소리를 길러라

아이가 일정하고 명료하게 말하며, 또박또박 발음하고, 꾸밈없이 정확한 소리를 내도록 가르쳐야 한다. 문법에 맞는 억양과 운율을 익히고 그대로 따라할 수 있어야 올바른 언어 습관이 자리 잡을 수 있다.

자신의 말이 잘 들릴 만큼 충분한 목소리를 내되, 그 이상은 넘기지 않게 지도해야 한다. 목소리를 지나치게 크게 내는 버릇은 대개 기숙학교에서 자란 아이들에게서 흔히 나타나는 결함이다. 모든 일에는 지나침이 없어야 한다. 노래할 때도 마찬가지다. 아이가 음을 정확히 내고, 고르고, 유연하며, 낭랑한 목소리로 노래할 수 있도록 해야 한다. 귀는 박자와 화성을 구별할 줄 알면 충분하다. 그 이상은 필요 없다. 감정을 흉내 내거나 연극처럼 과장된 음악은 아이의 나이에 맞지 않는다.

나는 아이가 가사가 있는 노래를 부르는 것조차 달갑지 않다. 그래도 노래하고 싶어 한다면, 그 나이에 흥미를 느낄 수 있고 생각만큼 단순한 노래를 직접 만들어줄 생각이다.

글을 가르치는 일조차 서두르지 않는 내가, 아이에게 악보 읽는 법을 알려주는 데 조급해할 리 없다는 것은 누구라도 쉽게 짐작할 만하다. 오랜 시간 극도의 집중을 요구하는 상황이 이어지면 아이의 뇌에 무리를 줄 수 있으니 피해야 한다. 또한 아이가 인간이 만들어낸 기호 체계를 곧바로 배우지 않는다고 해서 조급해할 필요도 없다.

물론 이 문제에는 나름의 어려움이 있다. 처음에는 글자를 몰라도 말할 수 있듯, 악보를 몰라도 노래하는 데 큰 지장은 없어 보인다. 그러나 둘 사이에는 분명한 차이가 있다. 말은 자신의 생각을 표현하는 수단이지만, 노래는 대개 타인의 생각을 대신 전하는 도구에 가깝다. 따라서 남의 생각을 전달하려면 먼저 그 내용을 읽을 수 있어야 한다.

✤ 음악은 감정보다 구조다

하지만 먼저 짚고 넘어가야 할 점이 있다. 악보를 읽지 않아도 노래는 들을 수 있으며, 실제로 노래는 눈으로 볼 때보다 귀로 들을 때 훨씬 더 정확하게 전달된다.

게다가 음악을 제대로 알기 위해서는 단순히 재현하는 것만으로는 충분하지 않다. 작곡도 할 줄 알아야 한다. 즉 음악을 창조하고 표현하는 법을 동시에 배워야 비로소 의미가 있다. 그렇지 않으면 결코 음악을 온전히 이해할 수 없다.

아이를 어린 음악가로 기르려면 훈련이 필요하다. 우선, 리듬이 규칙적이고 구조가 명확한 악구를 만들도록 연습시킨다. 그런 다음, 이 악구들을 단순한 전조로 연결하는 법을 알려준다. 마지막으로, 종지와 쉼을 적절히 선택하여 악절의 흐름과 단락을 구분하고, 악절 사이의 음악적 관계를 분명히 드러내는 법을 가르쳐야 한다.

무엇보다도 괴상한 노래는 절대 금물이다. 감정에 휘둘리거나 과도한 표현을 흉내 내는 것도 허용해서는 안 된다. 아이에게 들려주는 선율은 언제나 단순하고, 조성의 기본 구성음에서 파생된 구조여야 한다. 또한 베이스라인이 분명해야 아이가 자연스럽게 감지하고 어렵지 않게 따라할 수 있다.

입맛은 교육의 첫 문!
식탐을 허영심보다 믿어라

❖ 입맛은 교육의 첫 문이다

무엇을 가르치든 불변의 진리처럼 단단히 못 박아서는 안 된다. 훗날 바꾸어야 할 상황이 생겼을 때, 아이가 감당해야 할 대가가 지나치게 커질 수 있기 때문이다. 또한 프랑스 요리사가 아니면 아무것도 먹지 못해 굶어 죽을 만큼 까다로운 식성을 가진 아이로 길러서는 안 된다. 더 나아가, 언젠가 "프랑스에서만 제대로 된 음식을 먹을 수 있다"라고 말하는 사람으로 자라서도 곤란하다.

 인간이 가진 여러 감각 가운데 미각은 가장 강렬한 영향을 끼친다. 우리가 단지 우리를 둘러싸고 있는 사물이 아니라, 우리 몸에 흡수되어 일부가 되는 물질을 훨씬 더 신중하게 판단하려 하기 때문이다. 만져도, 보아도, 들어도 아무런 감흥이 없는 대상은 얼마든지 많다. 그러나 미각은 거의 모든 것에 반응한다.

게다가 미각은 전적으로 육체적이고 물리적인 감각이다. 상상력을 거의 자극하지 않는 유일한 감각으로, 적어도 미각을 통한 경험에는 상상력이 개입할 여지가 가장 적다. 반대로 다른 모든 감각은 상상력과 모방 욕구의 영향을 받아 감각 경험에 도덕적·정서적 해석이 쉽게 뒤섞인다.

❖ 식탐은 허영심보다 훨씬 바람직한 교육적 동기다

대체로 다정한 마음씨를 지녔거나 쾌락을 즐기는 성향, 열정적인 기질, 풍부한 감수성을 가진 사람들은 다른 감각에는 쉽게 동요하면서도 미각에는 의외로 무덤덤하다. 미각은 흔히 다른 감각보다 하등하게 여겨지고, 그 감각에 끌리는 성향조차 천박하다고 무시당한다. 그러나 바로 그렇기 때문에, 나는 오히려 아이들을 이끄는 데 가장 적절한 수단이 아이들의 입이라고 생각한다.

식탐은 허영심보다 훨씬 바람직한 교육적 동기다. 식탐은 자연스러운 욕구로 감각에 직접 맞닿아 있지만, 허영심은 타인의 시선이 만들어낸 산물이다. 그래서 사람들의 변덕에 쉽게 휘둘리고,

온갖 폐해에 노출되기 마련이다. 반대로 식탐은 순수하게 자연에서 비롯된 욕구이기에 교육적으로 다루기 훨씬 안전하다.

식탐은 어린 시절의 대표적인 욕구다. 하지만 이 욕구는 다른 어떤 욕망보다도 약해서, 조금이라도 더 강한 자극이 있으면 금세 자취를 감춘다. 그러니 내 말을 믿어야 한다.

아이가 먹는 것에 관심을 두는 시기는 너무 일찍 지나가버린다. 마음이 다른 관심사로 가득 차면 입맛 같은 건 거의 신경조차 쓰지 않을 것이다. 아이가 성장하면서 식탐은 온갖 격정적인 감정들에 자리를 내어주게 되고, 결국 그 감정들은 허영심을 더 크게 키우는 자양분이 된다. 왜냐하면 허영심은 다른 모든 감정을 흡수해 전부 집어삼키는 유일한 욕망이기 때문이다.

유년기의 행복은
현재를 누리는 힘이다

❖ 현재를 사는 아이 vs. 미래를 강요받는 아이

건강하고, 생기 넘치며, 나이에 맞게 잘 자란 열 살에서 열두 살 무렵의 아이를 떠올려보라. 그런 아이를 상상하면 현재든 미래든 유쾌하지 않은 생각은 단 하나도 떠오르지 않는다. 내 눈 앞의 아이는 혈기 왕성하고, 활발하며, 기운차다. 속을 갉아먹는 걱정도 없고, 길고 고통스러운 앞날을 지레짐작해 미리 좌절하지도 않는다. 오직 현재에 몰입한 채, 자신 안에 가득 찬 생명력이 넘쳐흘러 마치 몸 밖으로 퍼져나가려는 듯한 충만함을 느낀다.

 나는 아이가 감각과 정신, 힘을 단련하며 나날이 역량을 키우고, 끊임없이 새로운 가능성을 보여주며 성장하는 모습을 미리 그

려본다. 지금 아이를 바라보는 것만으로도 흐뭇하지만, 장성한 모습을 상상하면 더 큰 기쁨이 밀려온다. 아이의 뜨거운 피가 내 피까지 데워주는 듯하다. 마치 내가 아이의 삶을 함께 살아가는 기분이 든다. 아이의 생기가 나까지 다시 젊게 만드는 것 같다.

그러나 종이 울리는 순간, 모든 것이 돌변한다. 아이의 눈빛은 흐려지고, 명랑하던 표정이 사라진다. 기쁨과 놀이와 작별해야 한다. 엄격하고 무서운 표정의 어른이 다가와 아이의 손을 잡는다. "가시지요, 신사분." 정중한 말투와 달리 몸짓은 거칠다. 그들이 들어가는 방 안에는 책들이 놓여 있다. 책이라니! 저 나이에 벌써 이토록 서글픈 소품이라니!

불쌍한 아이는 저항조차 못 한 채 끌려간다. 마지막으로 주변을 아쉬운 눈빛으로 바라보다가 말없이 따라 나선다. 눈에는 눈물이 고여 있지만 흘릴 엄두도 내지 못하고, 가슴은 한숨으로 가득하지만 끝내 토해내지도 못한다.

에밀은 이런 두려움에서 벗어나 있다. 삶의 어느 순간도 불편해하거나 따분해하지 않는다. 아침을 걱정 없이 맞이하고, 저녁을 조급함 없이 기다린다. 기쁜 마음으로 시간을 헤아린다.

나는 에밀을 부른다. 내 복된 아이, 사랑스러운 제자. 이제는 떠나간 그 불행한 아이의 그림자를 빛으로 밝혀주길, 아이의 존재

자체가 우리를 위로해주길 소망한다.

　에밀이 온다. 다가오는 기척만으로도 내 마음에 기쁨이 북받친다. 아이도 그 기쁨을 함께 나눈다. 그는 단짝과, 또래 친구들과 뛰놀며, 나를 보는 순간 곧 재미있는 일이 생길 거라 확신한다. 우리는 결코 서로에게 의존하지 않지만 언제나 마음이 잘 맞는다. 누구와 함께 있을 때보다, 둘이 함께 있을 때가 가장 즐겁다.

　아이의 얼굴, 태도, 몸가짐이 전부 자신감과 만족감을 드러낸다. 얼굴은 생기로 빛나고, 걸음걸이에는 힘찬 기운이 담겨 있다. 피부는 아직 말갛지만 창백하지 않고, 햇볕과 바람이 이미 건강한 빛을 물들여놓았다. 근육에는 이제 막 성숙의 윤곽이 드러나기 시작했고, 눈빛에는 타고난 평온함이 깃들어 있다. 긴 슬픔으로 빛을 잃은 적도 없고, 눈물이 끝없이 뺨을 적신 적도 없다. 몸짓은 재빠르면서도 흔들림이 없고, 그 속에는 생기와 자립심, 다양한 활동이 길러낸 단단함이 담겨 있다.

　아이의 태도는 당당하고 자유롭다. 그러나 건방지거나 오만하지 않다. 책에 코를 박고 살지 않았으니 고개가 바닥을 향하지 않는다. 그러니 "고개를 들어"라고 따로 지시할 필요도 없다. 아이는 부끄러움이나 두려움 때문에 고개를 숙인 적이 단 한 번도 없기 때문이다.

❖ 아이의 언어는 꾸밈 없는 진실이다

에밀을 한가운데로 불러 자리를 마련해보자. 그러면 사람들이 마음 편히 아이를 관찰하고, 질문도 던질 수 있을 것이다. 아이가 귀찮게 굴까봐, 쉴 새 없이 떠들까봐, 당황스러운 질문을 던질까봐 걱정할 필요는 없다. 붙잡고 놓아주지 않을까, 자기에게만 신경 써달라고 조를까, 도무지 빠져나오지 못할까 염려하지 않아도 된다.

에밀이 듣기 좋은 말만 할 거라고 기대해서는 곤란하다. 내가 가르친 말을 그대로 흉내 내지도 않을 것이다. 아이의 입에서 나오는 건 솔직하고 단순한 진실뿐이다. 꾸미지도 않고 준비하지도 않았으며, 허영조차 섞이지 않은 있는 그대로의 진실이다.

아이는 자신이 저지른 잘못이든, 품은 나쁜 생각이든, 선한 일이든 자유롭게 말한다. 그 말이 어떤 파장을 일으킬지는 전혀 신경 쓰지 않는다. 언어가 처음 생겨났을 때처럼 가장 순수한 방식으로 말할 뿐이다.

사람들은 아이에게서 특별한 가능성을 발견하기를 좋아한다. 그러나 곧 쏟아지는 쓸모없는 말들에 실망하고, 처음 품었던 기대가 산산조각 나기 일쑤다. 사실은 우연히 튀어나온 인상적인 한마디에 들떴다가, 제멋대로 한 착각에 뒤통수를 맞은 듯 허탈해하는 것이다. 그러나 나의 에밀은 다르다. 기대를 받더라도 결코 실망시키지 않는다. 불필요한 말은 단 한마디도 하지 않으며, 누구도 귀 기울이지 않을 수다에 힘을 낭비하지 않는다. 에밀의 생각은 아직 한정적이지만 매우 명확하다. 외운 지식은 없지만 몸으로 익힌 경험은 풍부하다. 사람의 책은 또래보다 잘 읽지 못해도 자연의 책은 더 잘 읽는다.

　에밀의 지성은 혀 위가 아니라 머릿속에 있다. 기억력은 부족해도 판단력은 뛰어나다. 말할 줄 아는 언어는 하나뿐이지만, 자신이 무슨 말을 하는지는 분명히 안다. 말은 남들만큼 유창하지 않아도, 행동은 누구에게도 뒤지지 않는다.

❈ 자연의 필연성에 순응하는 법을 배워야 한다

에밀은 관례, 관습, 심지어 습관이 무엇인지조차 모른다. 따라서 어제의 일이 오늘의 행동에 아무런 영향을 주지 않는다.

　습관의 유혹은 인간의 천성적인 게으름에서 비롯되며, 여기에 빠지면 게으름은 더 심해진다. 한 번 해본 일은 다시 하기 쉽다. 길이 나면, 그 길을 따라가는 게 훨씬 편하다. 그래서 습관의 영향력은 노인이나 무기력한 사람에게는 크지만, 젊거나 활기찬 사람에게는 작다. 습관에 의존하는 삶은 나약한 영혼에게나 어울린다. 시간은 이들을 더욱 나약하게 만든다.

아이에게 유익한 단 하나의 습관은 자연의 필연성에 순응하는 것이며, 어른에게 필요한 유일한 습관은 거리낌 없이 이성을 따르는 것이다. 그 외의 모든 습관은 악습일 뿐이다.

에밀은 정해진 규칙을 따르지 않는다. 권위에도, 타인의 행동에도 휘둘리지 않는다. 언제나 자신에게 가장 자연스러운 방식으로만 행동하고 말한다. 그러니 에밀이 누가 불러준 말을 외워 읊거나, 미리 예의바른 태도를 준비해 올 거라 기대하지 말라. 아이는 언제나 자기 생각을 진실하게 표현하고, 타고난 성향에 따라 자연스럽게 행동할 뿐이다.

에밀이 가진 도덕 개념은 단순하다. 지금 자신의 상태와 직접 관련된 것뿐이다. 아직 사회 속에서 어떤 역할도 하지 못하는데, 인간 사회의 복잡한 개념들이 무슨 소용이 있겠는가. 자유, 소유, 약속 같은 말은 어느 정도 이해한다. 자기 물건은 왜 자기 것이고, 남의 물건은 왜 자기 것이 아닌지 분명히 안다. 그러나 그 이상은 알지 못한다. 아이에게 의무나 복종을 말해도, 무슨 뜻인지 알아듣지 못한다.

하지만 에밀에게 "이걸 해주면, 나도 다음에 네게 보답할게"라고 말하면 기꺼이 도울 것이다. 자신이 영향력을 넓히고, 침해받지 않을 권리를 얻는다고 느끼기 때문이다. 어쩌면 자기 자리를 차지하고, 무리에 속하고, 누군가로부터 인정받는 것을 내심 기쁘게 여길지도 모른다. 그러나 그 순간 이미 자연에서 벗어난 것이다. 허영심이 들어올 문을 미리 막아두지 못했다는 증거이기 때문이다.

자연이 주는 자유 속에서
아이의 분별력이 자란다

✤ 자유로운 행동, 그러나 경솔함은 없다

한 번쯤은 아이를 혼자 자유롭게 놓아두고, 아무 말 없이 어떻게 행동하는지 지켜볼 필요가 있다. 무엇을, 어떻게 하는지를 주의 깊게 관찰해야 한다.

아이는 자신이 자유롭다는 사실을 굳이 증명할 필요가 없기에 결코 경솔하게 행동하지 않는다. 하고 싶은 일을 마음대로 할 수 있다는 듯 과시적인 행동을 하는 법도 없다. '나 자신의 주인은 나'라는 사실을 본능적으로 알기 때문일 것이다.

아이는 기민하고, 몸놀림이 가볍다. 언제든 움직일 준비가 되어 있으며, 그 나이답게 생동감이 넘치지만 허투루 움직이지 않는다. 모든 행동에는 분명한 목적이 있다. 하고 싶은 일이 있더라도 자신의 능력을 벗어나는 일은 결코 시도하지 않는다. 이미 자신의 능력을 충분히 시험해보았고, 그 한계를 정확히 알고 있기 때문이다. 아이는 목표를 세울 뿐 아니라 가장 적합한 수단을 스스로 선택할 줄 안다. 또한 성공을 확신하지 않고는 행동에 나서지 않는다.

아이는 관찰력이 뛰어나고, 정확한 판단을 내리는 눈을 가지고 있다. 눈에 보이는 모든 것에 무작정 질문을 던지지 않는다. 대신 스스로 살펴보고, 알고 싶은 것이 생기면 남에게 묻기보다 먼저 자기 힘으로 알아내려 애쓴다. 예상치 못한 곤경에 처하더라도 다른 아이들보다 훨씬 더 침착하게 대처하며, 위험한 상황에서도 흔들리지 않고 의연하다.

아직 상상력이 본격적으로 깨어나지 않았고, 억지로 자극하려는 시도도 없었기에 아이는 있는 그대로의 현실만 본다. 위험을 과대평가하거나 과소평가하지 않고 실체를 직시하며, 언제나 침착함을 유지한다. 자연의 필연성이 늘 아이를 짓눌러왔기에 이제는 저항하지 않는다. 태어날 때부터 그 굴레를 지고 살아왔으므로 자연이 부여하는 제약과 불편함을 감수하는 데 이미 익숙하다. 그래서 어떤 상황에도 늘 준비가 되어 있다.

❖ 놀이와 활동이 곧 삶이 되는 순간

아이에게는 어떤 일에 몰두하는 것과 즐겁게 노는 것 사이에 아무런 차이가 없다. 놀이가 곧 활동이고, 활동이 곧 놀이이기 때문이다. 무엇을 하든 아이는 진지하면서도 자유롭다. 그래서 바라보고 있으면 절로 웃음이 나오고, 덩달아 기분까지 좋아진다. 이런 모습 속에서 우리는 아이의 사고방식과 지식의 범위를 가늠할 수 있다.

 이 시절에만 볼 수 있는 광경이 있다. 생기와 즐거움이 가득 담긴 눈빛, 기분 좋게 평온한 표정, 활짝 웃는 얼굴을 한 아이가 제법 진지한 일을 장난처럼 즐기며 해내거나, 별것 아닌 놀이에 온 정신을 집중하는 모습이다. 그것은 그 자체로 아름답고 따뜻한 한 폭의 그림이다.

❖ 분별력으로 또래의 중심에 선다

에밀을 또래 아이들과 어울리게 하고 아무 말 없이 지켜보기만 하면 된다. 그러면 곧, 누가 진정 제대로 성장했는지, 누가 그 나이대에서 도달할 수 있는 이상적인 상태에 더 가까운지 알 수 있다.

도시 아이들 중에는 에밀보다 솜씨 좋은 아이가 없다. 힘으로도 누구보다 강하다. 시골 아이들과 견주면 힘은 대등하고, 솜씨는 오히려 한 수 위다. 이해력의 범위 안에서 에밀은 또래 누구보다 더 잘 판단하고, 이성적으로 사고하며, 앞을 내다본다. 움직이고, 달리고, 뛰고, 물체를 들어 올리고, 거리를 가늠하고, 놀이를 만들어내는 모든 순간이 마치 자연이 아이의 명령에 따르는 듯하다. 에밀은 또래를 이끌고 지도하기 위해 태어난 아이다. 타고난 재능과 경험이 곧 권리이자 권위가 된다. 어떤 옷을 입히든, 어떤 이름을 붙이든 상관없이 결국 모두의 중심에 서게 될 운명이다. 아이는 명령할 의도가 없음에도, 사람들은 저도 모르게 복종하게 된다.

에밀은 이제 유년기의 끝 무렵에 다다랐다. 나는 아이로서의 삶을 충분히 누렸고, 성장 과정에서 행복을 희생하지도 않았다. 오히려 성장이 행복을 가져왔고, 행복이 성장을 이끌었다. 이성 또한 나이에 걸맞게 갖추었다. 설령 죽음이 찾아온다 해도, 우리는 아이의 삶 전체를 애도하지 않을 것이다. 그는 유년기를 충분히 누리고 갔다는 사실만으로도 위안을 삼을 수 있기 때문이다.

이 최초의 교육 방식의 단점은 단 하나다. 오직 통찰력 있는 사람만이 그 가치를 알아본다는 점이다. 평범한 눈에는 이토록 정성 어린 보살핌 속에 자란 아이가 그저 버릇없는 개구쟁이로만 보일 뿐이다. 가정교사들은 제자의 성장보다 자신의 이익을 우선시한다. 언제든 과시할 수 있는 겉보기에 그럴싸한 지식을 주입하며, 아이의 머릿속을 잡다한 것으로 채우기 바쁘다. 시험은 그 지식을 꺼내 보여주는 자리일 뿐이다. 아이는 마치 상인이 물건을 진열하듯 아는 것을 늘어놓는다. 그러나 내 제자는 그렇지 않다. 내놓을 보따리는 없지만, 자기 자신을 내세울 수 있다.

사실 아이의 진면목은 단번에 드러나지 않는다. 단 한 번의 시선으로 본모습을 꿰뚫어 볼 수 있는 사람은 드물다. 십만 명의 아버지 중 한 명 있을까 말까다. 따라서 아이를 시험 삼아 끝없이 질문을 던지는 것은 무의미하다. 아이는 금세 지쳐 대충 대답하게 된다. 오히려 툭 던지듯 내뱉은 한마디가 진정한 판단력을 보여준다. 단, 그것은 억지로 유도되거나 우발적으로 튀어나온 말이 아니어야 한다.

나는 고(故) 하이드 경에게서 이런 이야기를 들었다. 그의 친구가 이탈리아에서 3년간 머물다 돌아와 아홉 살 난 아들의 성장을 확인하고자 했다. 저녁 산책길에 들판에서 아이들이 연을 날리고 있었다. 그가 아들에게 물었다. "저기 그림자를 드리운 연은 어디에 있을까?" 그러자 아들은 망설이지 않고, 위를 올려다보지도 않은 채 대답했다. "큰길 위에 있어요."

실제로 큰길은 태양과 그들 사이에 있었다. 그 한마디에 아버지는 아들을 끌어안았다. 그리고 다음 날, 가정교사에게 월급과는 별도로 종신 연금을 보냈다. 정말 훌륭한 아버지다. 그리고 그 아버지에 그 아들이다. 질문은 아이의 나이에 맞았고, 대답은 단순했지만 명쾌했다. 아리스토텔레스의 제자인 알렉산드로스 대왕이 제아무리 날뛰던 명마를 길들일 수 있었던 것도 바로 이런 분별력 덕분이었다.

에밀은 지식을 배우지 않았지만, 삶을 배우는 법은 이미 터득했다. 아이는 자유롭되 경솔하지 않았고, 꾸밈없되 분별이 있었으며, 놀이와 활동 속에서 자연의 가르침을 온전히 누렸다. 바로 이것이 유년기의 완성이다.

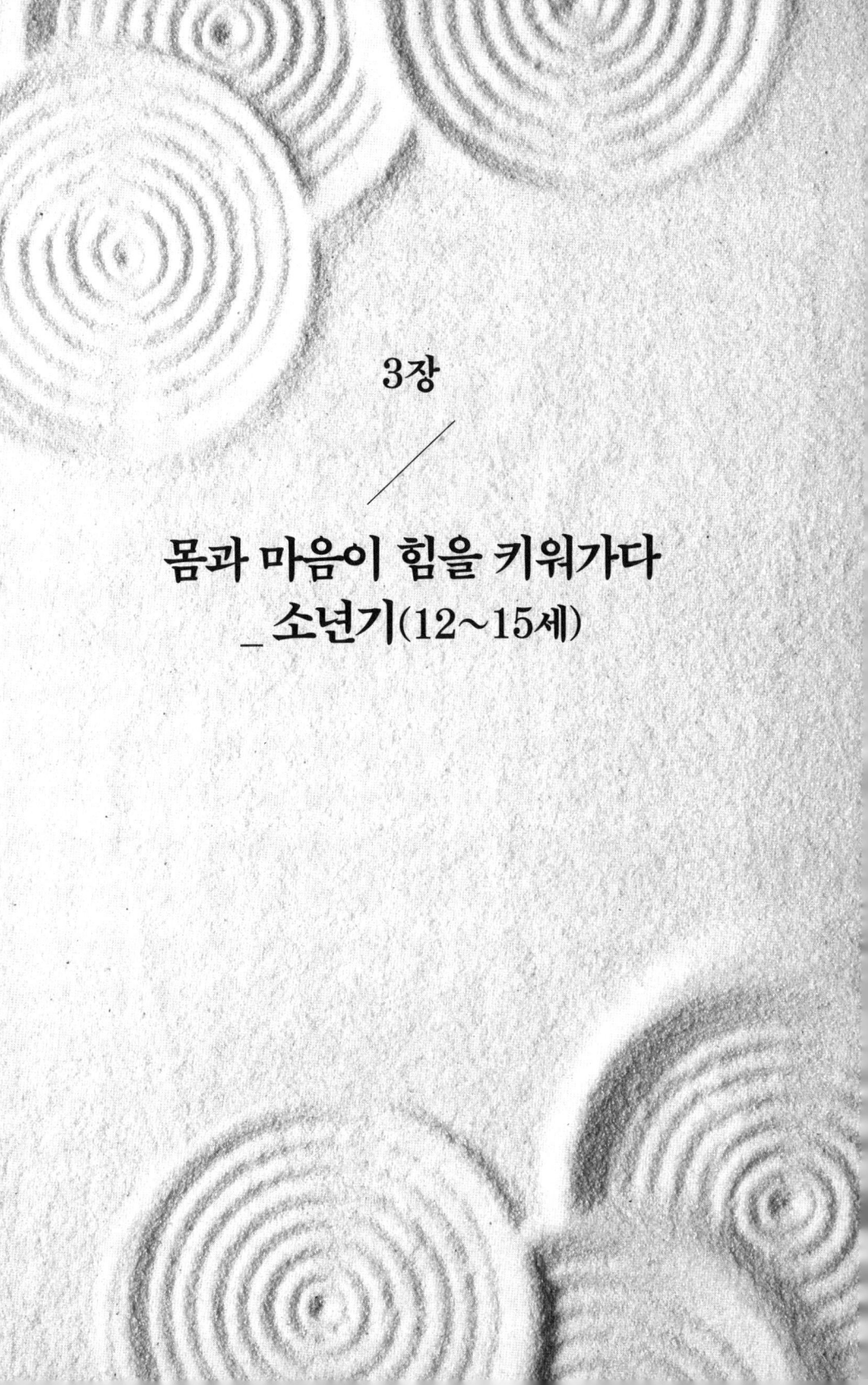

3장

# 몸과 마음이 힘을 키워가다
_소년기(12~15세)

○

○

○

루소는 이 장에서 소년기의 단계를 제시한다. 이제 아이는 단순히 자연 속에서 자라는 존재가 아니라, 몸과 마음을 스스로 단련하며 힘을 길러가야 하는 존재로 나아간다. 유아기와 유년기의 보호받는 단계를 지나면서, 아이는 자기 힘으로 세계와 맞서고 균형을 찾아야 하는 과제를 처음으로 부여받는다.

소년기는 욕망보다 힘이 앞서는 드문 시기다. 이 여분의 힘을 배우는 방법과 습관으로 전환해야 한다. 지식의 양이 아니라 감각에서 시작해 손을 움직이고 스스로 판단하는 훈련이 아이를 단단하게 만든다. 아이는 늘 "그게 무슨 쓸모가 있지?"라는 질문에서 출발해 곧바로 "왜 그런가?"를 따지며 배움을 자기 것으로 만든다. 그렇게 얻은 앎은 권위가 아니라 경험에서 나오기에, 열다섯의 격정이 와도 쉽게 흔들리지 않는다. 이 장은 사춘기의 문턱에서 그 준비가 어떻게 갖추어지는지를 살핀다.

욕망보다 앞선 힘을
지금 배움으로 돌려라

❖ 욕망을 앞지르는 힘이 싹틀 때

청소년기에 이르기 전까지 삶의 모든 시기는 나약함의 연속이다. 그러나 생애 초기의 어느 순간, 욕망보다 힘이 더 빠르게 커지는 시점이 찾아온다. 이 시기의 아이는 여전히 동물적 상태에 머물러 절대적으로는 나약하지만, 욕망과 힘의 비율로 보면 강자다. 아직 모든 욕망이 발달하지 않았기에, 지금 가진 힘은 필요한 욕구를 충족하고도 남는다. 어른의 눈에는 약해 보일지라도, 아이의 세계에서는 강하다.

그렇다면 인간의 나약함은 어디에서 비롯되는가? 뿌리는 '힘과 욕망의 불균형'에 있다. 욕망을 채우려면 자연이 준 힘보다 더 많은 힘이 필요하다. 따라서 욕망을 덜어내면 곧 힘이 늘어난다. 욕망보다 능력이 앞서는 사람은 언제나 여유롭고, 그 여유가 곧 강함이다. 이 드문 순간이 바로 생애 3단계, 곧 소년기의 초입이다. 이제 이 시기를 다루려 한다.

편의상 이 시기를 '어린 시절'이라 부르겠다. 이때의 아이는 청소년기에 가까워졌지만 아직 사춘기는 아니다. 열두 살 혹은 열세 살 무렵, 아이의 신체적 힘은 욕망보다 훨씬 빠르게 발달한다. 가장 격렬하고 통제하기 어려운 욕망은 아직 깨어나지 않았고, 관련 기관도 미성숙한 상태다. 막 오르기 시작한 체온이 옷을 대신하고, 배고프면 무엇이든 잘 먹으며, 졸리면 어디서든 곧장 잠든다. 헛된 욕망이 괴롭히지 않고, 세상의 평가에도 아랑곳하지 않는다.

욕망은 팔이 닿는 범위를 넘지 않기에, 아이는 자신을 온전히 감당할 뿐 아니라 필요 이상으로 강한 힘까지 지닌다. 인생 전체를 통틀어 이렇게 자족할 수 있는 시기는 지금뿐이다.

❖ 남는 힘을 배움으로 바꾸는 법

이 시기는 생애 전체에서 신체적 힘의 절정은 아니지만, 욕망보다 힘이 큰 단 한 번의 기회다. 그래서 지금이 가장 소중하다. 순간은 짧고, 잘 활용할수록 더 짧게 느껴진다. 지금 아이에게는 능력과 힘이 필요 이상으로 남아돌지만, 훗날에는 부족해질 수 있다. 그렇다면 이 여분을 어디에 쓸 것인가? 아이는 남는 정신과 체력을 '배우는 방법'과 '좋은 습관'으로 바꾸어 미래의 자신에게 투자해야 한다.

그 투자처는 창고나 남의 곳간이 아니라, 자기 안의 도구인 두 팔과 머리다. 노동과 가르침, 공부를 통해 힘을 자기 속에 축적하는 것이다. 이 선택은 교육자가 임의로 정하는 것이 아니다. 자연이 "지금이 바로 그때"라고 알려준다.

따라서 남는 힘을 놀이와 허영으로 흘려보내지 말고, 손을 움직이고, 감각으로 확인하며, 스스로 판단하는 훈련으로 돌려야 한다. 그렇게 비축한 능력은 사춘기의 격정이 닥쳐도 흔들리지 않는 기초가 된다.

무엇을 가르칠지
'유익'이라는 기준으로 고르자

❖ 가르칠 것과 미룰 것의 기준

인간의 지성에는 분명한 한계가 있다. 누구도 모든 것을 알 수는 없으며, 심지어 다른 사람들이 아는 그 얼마 되지 않는 지식조차 온전히 이해하지 못한다. 모든 거짓 명제의 반대편에는 반드시 짝을 이루는 참 명제가 존재한다. 오류가 무한하다면 진리도 그만큼 많다. 그러므로 무엇을 가르칠지 선택할 뿐 아니라, 배움의 시점 또한 자연이 허락한 때에 맞춰야 한다.

우리가 손에 넣을 수 있는 지식들 가운데 어떤 것은 틀렸고, 어떤 것은 쓸모없으며, 또 어떤 것은 보유한 사람의 자만심을 키운다. 실제로 삶에 유익한 지식은 극히 일부에 불과하다. 오직 그 지식만이 지혜로운 사람의 탐구 대상이 될 자격이 있다. 지혜롭게 키우고자 하는 아이에게도 마찬가지다. 단순히 알고 있기만 해서는 소용이 없다. 그 지식이 실제로 유익한지 판단할 수 있을 때 비로소 가치가 생긴다.

그러나 극소수의 진리 가운데에서도 다음과 같은 것들은 제외해야 한다. 첫째, 이해하려면 이미 완전히 형성된 사고력을 요구하는 진리. 둘째, 아이가 알지 못하는 사회적 관계의 이해를 전제로 하는 진리. 셋째, 그 자체로는 참이지만 경험이 부족한 영혼을 다른 주제에서 잘못된 생각으로 빠지게 만드는 진리. 이 세 가지는 아이에게 가르치기에 적합하지 않다.

이처럼 하나씩 배제하고 나면, 결국 존재하는 만물에 비해 극히 좁은 범위 내에서만 아이를 교육해야 한다. 그러나 이 작은 세계조차도 아이의 정신 능력으로는 도저히 감당할 수 없을 만큼 거대한 우주다. 그러므로 선택은 더욱 신중해야 한다.

❖ 권위보다 경험, 그리고 도덕

어떤 무모한 손이 감히 인간 이성에 드리운 어둠의 장막을 걷어내려 한 것일까? 우리의 헛된 학문들이 이 가련한 아이의 주변에 얼마나 많은 심연을 파놓고 있는지 알 수 없다. 아이를 이 위험천만한 길로 이끌며, 눈앞에서 자연의 신성한 장막을 걷어내려 하는 자가 있다면 경고하건대, 그는 두려워해야 한다. 그 경계심을 잃는 순간, 교육은 곧 허영으로 기운다.

무엇보다 아이도, 교육자도 정신을 똑바로 차려야 한다. 어느 쪽이든 쉽게 흔들릴 수 있고, 어쩌면 둘 다 무너질지도 모른다. 그러므로 항상 긴장을 놓아선 안 된다. 겉은 그럴듯하지만 속은 거짓인 유혹, 자만심이 피워내는 도취의 연기를 경계해야 한다.

기억하고, 또 기억해야 한다. 무지는 결코 나쁘지 않다. 오직 오류만이 파멸을 부른다. 사람이 길을 잃고 방황하는 것은 알지 못해서가 아니라, 안다고 믿기 때문이다.

아이가 기하학을 배우며 보이는 진전은 아이의 지능이 얼마나 발달했는지를 가늠할 수 있는 판단 기준이자 확실한 척도다. 그러나 아이가 유익한 것과 그렇지 않은 것을 구분하기 시작한 순간부터는, 추상적인 학문을 가르칠 때 세심한 배려와 교육적 기지가 필요하다.

예컨대 아이에게 두 선분 사이의 기하 평균을 구하게 하고 싶다면, 먼저 주어진 직사각형과 넓이가 같은 정사각형을 찾아야 할 이유를 느끼게 해야 한다. 만약 두 개의 기하 평균이 필요한 문제라면, 정육면체의 부피를 두 배로 만드는 문제에 흥미를 갖도록 유도하는 것이 먼저다.

  우리는 이제 선과 악을 구분하는 도덕 개념으로 조금씩 나아가고 있다. 지금까지 따르던 유일한 법칙은 오직 필연성의 법칙뿐이었다. 이제 유익한 것을 고려하기 시작했으니, 머지않아 옳고 선한 것에 이르게 될 것이다. 그 길의 끝에 실천 가능한 도덕이 선다.

호기심에 불붙이고,
감각으로 배우게 하라

✤ 호기심의 동력: 본능과 허영을 가르려면

인간의 다양한 능력은 하나의 공통된 본능에서 살아 움직인다. 먼저 신체가 성장하기 위해 활동을 시작하고, 그 뒤를 이어 정신이 배움을 추구한다. 처음 아이는 몸을 가만히 두지 못하고 산만하다가, 점차 호기심이 싹튼다. 이 호기심을 올바른 방향으로 이끌 수 있다면, 그것이 이 시기의 가장 강력한 원동력이 된다. 따라서 자연적 본능이 빚은 성향과 남들의 평가가 만든 성향을 반드시 구분해야 한다.

  지식에 대한 열정 가운데에는 단지 '박식하다'는 평판을 얻고자 하는 욕망에서 비롯된 것도 있다. 반대로, 자연스러운 호기심에서 비롯되는 열정도 있다. 인간이라면 누구나 직접적이든 간접적이든, 흥미를 끄는 대상에 대해 무엇이든 알고 싶어 하기 때문이다. 겉보기에 같은 '알고자 함'이라도 동기가 다르면 학습의 질과 지속성은 전혀 달라진다.

　인간은 본래 행복을 추구하는 존재지만, 그 욕구를 온전히 충족시키는 것은 불가능하다. 그렇기에 끊임없이 삶이 더 나아지게 만들 방법을 찾아 헤맨다. 이것이 바로 호기심의 첫 번째 원동력이다. 이것은 인간의 마음속에 자연스럽게 자리 잡은 성향이지만, 열정과 이성이 함께 뒷받침될 때 더욱 크게 자란다. 호기심은 과시를 위한 욕망이 아니라 삶을 개선하려는 내적 필요에서 길러져야 한다.

✤ 감각에서 사유로: 경험이 먼저다

느낌을 사유로 바꿔가야 한다. 그러나 감각 경험에서 추상적 개념으로 곧장 건너뛰어서는 안 된다. 감각으로 인식할 수 있는 대상에서 출발해야만 추상적인 세계에 도달할 수 있다. 정신이 이제 막 작동하기 시작하는 단계에서는 언제나 감각이 인식의 길잡이가 되어야 한다.

세상 자체가 곧 책이며, 직접 겪는 경험만이 진정한 스승이다. 책을 읽는 아이는 스스로 생각하지 않는다. 그저 글자를 따라 읽을 뿐이다. 진정한 배움은 없고, 단어만 외우는 데 그친다.

아이가 자연 현상에 주의를 기울이도록 지도해야 한다. 그러면 곧 호기심을 갖게 된다. 다만 호기심을 길러주려면, 궁금증을 너무 빨리 풀어주어서는 안 된다. 아이의 이해 수준에 맞는 질문을 던지고, 아이가 스스로 해답을 찾도록 기다려주어야 한다.

누군가에게 들어서 아는 것은 아무 쓸모가 없다. 스스로 이해해 자기 것으로 만들 때 비로소 진짜 앎이 된다. 남의 지식을 외우는 것이 아니라, 마치 새로운 사실을 스스로 발견한 듯 체득해야 의미가 있다.

아이의 마음속에서 이성을 밀어내고 그 자리에 권위를 들이는 순간, 아이는 더 이상 스스로 사고하지 않는다. 결국 아이는 남들의 의견에 휘둘리는 꼭두각시로 전락하고 만다.

✤ 스스로 발견하게 하는 질문법

아이에게 지리를 가르치고 싶다면서 지구본, 천체구, 지도 같은 것들부터 내민다니? 도구만 잔뜩 늘어놓고 무슨 교육을 하겠다는 것일까? 왜 그렇게 많은 모형과 그림을 보여주려 하는가? 처음부터 실물을 보여주는 편이 낫지 않을까. 적어도 지금 무슨 이야기를 하는지는 알아야 배울 수 있을 텐데.

　날씨가 맑은 저녁이면 지평선이 탁 트여 석양이 훤히 보이는 곳으로 산책을 나간다. 그곳에서 해가 지는 방향을 알려주는 주변 지형과 사물들을 함께 관찰한다. 다음 날 아침, 해가 뜨기 전 다시 같은 장소를 찾는다. 찬란한 빛이 동쪽 하늘을 물들이고, 마침내 눈부신 한 점의 빛이 온 하늘을 채운다. 이처럼 자연의 요소가 어우러져 감각을 일깨우는 장면을 직접 경험하게 하라.

　에밀은 무턱대고 질문을 던지는 아이가 아니라, 스스로 생각하며 답을 찾는다. 적절한 때 관찰거리를 보여주는 것만으로 충분하다. 그런 다음 아이의 호기심이 충분히 자극되었다고 느껴지면, 문제를 풀 수 있는 실마리가 될 짧은 질문 하나를 던지면 된다. '질문은 짧게, 생각은 길게'가 원칙이다.

　예컨대 일출을 본 뒤, "어제 저녁엔 저쪽으로 졌는데 오늘은 이쪽에서 떴네. 어떻게 가능할까?"라는 질문만 던지고 멈춘다. 아이가 추가 질문을 해도 곧바로 답하지 말고 시간을 주어 스스로 곰곰이 생각하게 한다. 필요하다면 질문을 되돌려주어, 첫 질문의 실마리를 스스로 찾도록 이끌어야 한다.

✤ 하늘 수업: 실물 관찰로 여는 천문

우리는 언제나 하나의 감각적 관념에서 다음 감각적 관념으로 천천히 나아간다. 하나의 관념에 충분히 익숙해진 뒤에야 그다음 단계로 넘어간다. 무엇보다 아이를 다그치며 "빨리 풀라"고 하지 않는다. 첫 수업은 이미 시작되었지만, 태양의 움직임이나 지구의 형태를 이해하기까지는 아직 갈 길이 멀다. 그러나 하늘의 모든 운동은 하나의 원리로 설명될 수 있고, 관찰이 이어질수록 개념들은 자연스럽게 연결된다.

태양이 세상의 주변을 돈다고 가정해보자. 원에는 중심이 있고, 그 중심은 눈에 보이지 않지만 지표의 두 점과 함께 축을 설정할 수 있다. 팽이의 양끝이 북극과 남극에 해당하듯, 하늘은 그 축을 중심으로 돈다. 작은곰자리 꼬리의 북극성을 가리켜 보여준다. 그렇게 밤하늘은 놀이가 되고, 행성과 별자리에 대한 궁금증이 생겨난다.

하지 무렵 성 요한 축일에 일출을 관측한다. 크리스마스나 맑은 겨울날에도 다시 본다. 두 번째 관측도 같은 장소에서 하게 하라. 아이가 스스로 눈치 챌 수 있도록 힌트만 던지면, "여름과 겨울의 해 뜨는 방향이 다르네!"라는 깨달음에 이른다. 여기까지 잘 따라온 교육자에게 강조한다. 핵심은 '실제 하늘을 가르친다'는 점이다.

❋ 도구는 보조일 뿐: 기호의 함정

직접 보여줄 수 없는 경우가 아니라면, 실제 사물이나 현상을 기호로 대체해서는 안 된다. 기호는 아이의 주의를 빼앗고, 결국 그 기호가 가리키는 실제 대상을 잊게 만든다. 가능하면 실물을 보여주고, 부득이할 때만 표식을 써야 한다.

아르밀라리 천구는 구조도 부실하고, 비례도 맞지 않는다. 복잡한 원과 도형은 아이를 위축시키고, 지구는 지나치게 작으며, 불필요한 원도 많다. 두꺼운 판지의 견고함 때문에 실재하는 물체처럼 오인하기 쉽고, "상상의 선"이라는 설명은 혼란만 키운다. 우리는 흔히 아이의 입장에서 생각하지 못한다. 우리의 틀을 들이밀면, 아이의 머릿속에는 터무니없는 생각과 오류만 쌓일 뿐이다.

❋ 지리를 배우는 법: '지금 여기'에서 지도까지

천구를 공부하다가 아이의 관심이 하늘로 치솟으려 하면, 당장 지구로 끌어내려야 한다. 그런 다음 가장 먼저 아이가 지금 발 딛고 있는 장소부터 분명히 알려주는 것이 좋다. 배움은 언제나 가까운 곳에서 시작된다.

지리학 교육의 출발점은 자신이 살고 있는 도시와 아버지의 시골집이다. 그다음에는 그 사이의 지역, 인근의 강들, 마지막으로 태양의 움직임과 방위를 파악하는 법을 가르친다. 방위 감각을 익히는 일도 이 단계에 포함된다.

이제 '통합'이다. 아이가 지금까지 배운 내용을 바탕으로 직접 지도를 그리게 한다. 처음에는 집과 아버지의 시골집 두 장소만 담는다. 이후 다른 장소들의 거리와 위치를 알게 될 때마다 하나씩 추가한다. 우리는 아이의 눈에 나침반을 달아준 셈이다.

물론 약간의 이끌어줌은 필요하다. 그러나 아주 조금만, 아이가 눈치 채지 못할 만큼 이루어져야 한다. 아이가 틀리더라도 그대로 두고, 스스로 오류를 발견해 고치도록 기다린다. 꼭 필요할 때만 개입해 활동을 제안하고, 그 안에서 스스로 깨닫게 돕는다.

실수 없이 완벽했다면, 오히려 경계해야 한다. 실수에서 배울 기회를 놓친 것이기 때문이다. 그 지역의 지형을 정확히 아는지보다 중요한 것은 스스로 지형을 파악하는 능력이다.

머릿속의 지도 개수는 중요하지 않다. 지도가 무엇을 나타내는지 분명히 이해하고, 지도를 어떻게 그리는지 그 원리를 파악했다면 충분하다. 다른 제자들은 지도를 외우고, 내 제자는 지도를 만든다. 이제 내 제자의 방에는 새로운 장식이 하나 더 늘었다.

지금은 아이에게
학문을 가르칠 때가 아니다

❈ 소년기엔 '학문'보다 '방법'이다

항상 기억해야 한다. 내 교육의 핵심은 아이에게 많은 지식을 주입하는 데 있지 않다. 오직 정확하고 분명한 관념만 아이의 머릿속에 자리 잡게 하는 것이 내가 추구하는 교육이다. 아무것도 몰라도 상관없다. 다만 잘못된 생각만 하지 않으면 된다.

내가 아이에게 진리를 가르치는 이유는 단 하나다. 오류가 그 자리를 차지하지 못하도록 막기 위해서다. 이성과 판단력은 천천히 찾아오지만, 편견은 한꺼번에 들이닥친다. 바로 그런 편견으로부터 아이를 지켜내야 한다.

그러나 그렇다고 지식 그 자체에 빠져들어서는 안 된다. 그러면 바다가 보이지 않고, 가도 가도 끝에 닿을 수 없으며, 암초로 가득한 바다에 몸을 던지는 셈이다. 지식에 심취한 사람이 그 매력에 빠져 멈추는 법을 잊고, 이 지식에서 저 지식으로 뛰어다니는 모습을 보면 해변에서 조개껍데기를 줍는 아이가 떠오른다. 두 손은 이미 가득 찼지만 눈앞에 아직 줍지 않은 조개껍데기가 보이면 욕심에 들고 있던 것을 버리고 새로운 것을 집는다. 그러다 끝내 너무 많은 껍데기를 감당하지 못하고, 무엇을 골라야 할지 알 수 없게 된다. 결국 모든 것을 내던지고 빈손으로 돌아가고 만다.

❖ 시간은 짧고, 과제는 많다

어린 시절에는 시간이 더디게 흘렀다. 그 시간을 잘못 쓰면 아이를 망칠까 두려워 차라리 흘려보내기를 택했다. 그러나 지금은 정반대다. 유익한 일을 하기엔 시간이 턱없이 부족하다.

명심해야 한다. 억제할 수 없는 감정들이 이미 가까이 다가오고 있다. 문을 두드리는 그 순간, 제자의 모든 관심을 독차지하게 될 것이다. 이성의 평화로운 시기는 눈 깜짝할 새 끝나버린다. 게다가 그 시기에는 반드시 해야 할 일들이 너무 많다. 따라서 이 짧은 시간만으로 아이를 박식한 사람으로 만들 수 있다고 믿는 것은 헛된 기대일 뿐이다.

　지금은 아이에게 학문을 가르칠 때가 아니다. 먼저, 학문을 좋아하도록 흥미를 불러일으켜야 한다. 그리고 그 흥미가 충분히 고조되었을 때, 스스로 배울 수 있는 방법을 익히게 해야 한다. 이것이야말로 올바른 교육의 핵심 원칙이다.

❋ 집중은 강요하지 말고, 즐거움으로 유도하라

이제는 하나의 대상에 꾸준히 집중할 수 있도록 조금씩 습관을 들일 시기다. 그러나 집중을 억지로 강요해서는 안 된다. 집중력은 언제나 즐거움이나 욕망을 통해 자연스럽게 이끌어내야 한다.

　무엇보다 아이가 지나치게 집중하다 녹초가 되거나 지루해하지 않도록 세심한 보살핌이 필요하다. 그러니 아이에게서 눈을 떼지 말아야 한다. 무슨 일이 있어도 지루해하기 전에 멈추는 편이 낫다. 무엇을 얼마나 배우든 억지로는 아무것도 할 필요 없다는 사실을 깨닫게 하는 것이 훨씬 중요하다.

　아이가 스스로 질문을 던진다면, 호기심을 자극할 정도로만 답하고 절대 궁금증을 다 해소해주어서는 안 된다. 특히 배우려는 마음 없이 엉뚱한 이야기를 늘어놓거나 쓸데없는 질문을 퍼붓는다면 즉시 멈추게 해야 한다. 그럴 땐 알고 싶어서 묻는 것이 아니라, 질문을 미끼로 주도권을 잡으려는 의도일 뿐이다.

아이가 무슨 말을 하느냐보다 왜 그런 말을 하게 되었는지 그 마음을 먼저 살펴야 한다. 지금까지는 비교적 중요 순위에서 밀려 있었지만, 아이가 이성적으로 사고하기 시작하는 순간부터 이 경고는 무엇보다 우선시해야 할 원칙이 된다.

손으로 깊게 배우고,
원리를 스스로 깨닫는다

❖ 감각으로 시작하는 자연의 법칙

지구에는 다양한 기후가 있으며, 기후에 따라 온도도 달라진다. 극지방에 가까워질수록 계절의 변화는 더욱 뚜렷해진다. 모든 물질은 낮은 온도에서 수축하고, 높은 온도에서 팽창한다. 이 현상은 액체에서 더 분명하게 나타나며, 알코올처럼 휘발성이 강한 액체에서는 한층 두드러지게 관찰된다. 이 원리를 바탕으로 온도계가 만들어졌다.

그리고 우리는 이를 단순히 설명으로만 아는 것이 아니라, 바람이 얼굴을 스치는 순간처럼 직접 감각으로 경험해야 한다.

공기는 물질이며 흐르는 성질을 지닌 유체다. 비록 눈에는 보이지 않지만 분명히 느낄 수 있다. 컵을 물속에 거꾸로 넣어보면 곧 알 수 있다. 안에 든 공기가 빠져나갈 길을 내주지 않으면, 물은 컵 안으로 들어가지 못한다. 이처럼 공기는 저항력을 지닌 물질이다.

컵을 물속에 더 깊이 밀어 넣어보면, 물이 컵 안으로 조금씩 들어와 공기의 자리를 차지한다. 그러나 그 공간을 완전히 채울 수는 없다. 이는 공기가 일정한 범위 안에서 압축될 수 있음을 보여준다. 압축된 공기를 채운 공은 다른 어떤 물질을 넣었을 때보다 훨씬 잘 튀어 오른다. 공기가 탄성을 지닌 물질이기 때문이다.

욕조에 몸을 담근 채 팔을 옆으로 움직여 물 밖으로 들어 올려보면 팔이 무겁게 느껴진다. 공기가 무게를 가진 물질이기 때문이다. 공기를 다른 유체와 평형 상태에 두면 그 무게를 측정할 수 있다. 이 원리에 따라 기압계, 사이펀, 풍향봉, 공기 펌프 같은 장치들이 고안되었다.

나는 정역학을 처음 가르칠 때 굳이 저울을 찾지 않는다. 대신 의자 등받이에 막대를 가로로 올려놓고 양쪽 길이가 균형을 이루도록 맞춘다. 그리고 양쪽에 무게를 얹는다. 때로는 동일하게, 때로는 일부러 차이가 나도록 조절한다. 필요한 만큼 막대를 밀거나 당기며 균형을 맞추다 보면, 무게와 지렛대 길이가 반비례할 때

평형이 이루어진다는 사실을 깨닫게 된다. 이제 내 어린 물리학자는 저울이 무엇인지 본 적도 없는데, 벌써 균형을 바로잡을 줄 알게 되었다.

두말할 것도 없이, 스스로 깨우친 개념은 남의 가르침으로 얻은 지식보다 훨씬 더 명확하고 확실하게 자리 잡는다. 이런 방식으로 학습해야 이성이 권위에 맹목적으로 복종하는 데 익숙해지지 않는다. 오히려 인과관계를 파악하고 생각을 연결하며, 도구를 고안하는 창의력을 기를 수 있다.

이제 감각적 경험은 관찰과 실험으로 확장된다.

❋ 경험을 잇는 관찰과 실험

정역학과 유체 정역학의 법칙들 역시 앞서 살펴본 예시들처럼 단순한 실험을 통해 발견된다. 그러나 나는 이런 것들을 가르치겠다며 아이를 실험물리학 실험실로 데려가고 싶지 않다. 온갖 기구와 장치는 아이에게 거부감만 준다. 과학적인 '척' 하는 분위기가 오히려 과학을 망친다. 아이는 장치를 보고 겁을 먹거나, 기계의 외형에 시선을 빼앗겨 정작 원리에 집중하지 못한다.

우리가 사용할 기계는 반드시 직접 만들어야 한다. 실험을 해보기도 전에 기계부터 만드는 방식은 사양이다. 오히려 우연히 실험을 접한 뒤, 그 실험을 검증할 도구를 차차 고안해나가는 편이 바람직하다. 정밀하지 않더라도, 도구가 어떤 구조를 갖추고 어떤 작용을 해야 하는지 분명히 이해하는 것이 훨씬 낫다.

❖ 손과 도구로 여는 첫 과학

반대로 모든 것을 남이 주는 대로 받아들이기만 하면, 정신은 점점 무기력 속에 가라앉는다. 늘 어른이 옷을 입혀주고 신발을 신겨주며 말에 태워 끌고 다니는 사람은, 결국 손발을 움직일 힘과 방법을 잃게 된다. 부알로는 자신이 라신에게 운율을 까다롭게 짜는 법을 가르쳤다고 자랑했지만, 정작 필요한 것은 '수고하며 배우는 법'이다.

이처럼 느리고 고생스러운 탐구 방식의 확실한 이점은, 이론 중심의 학습 속에서도 몸을 활기차게 움직여 팔다리가 뻣뻣하게 굳지 않게 한다는 것이다. 또한 손을 끊임없이 훈련시켜 인간에게 유익한 노동과 실용적 활동에 익숙해지게 한다. 손이 곧 생각을 불러낸다.

실험을 돕고 감각의 정확함을 보완하기 위해 수많은 기구들이 발명되었다. 그러나 그 결과, 역설적으로 감각 훈련 자체가 도외

시되었다. 각도기가 있으면 각도를 가늠할 필요가 없고, 눈으로 거리 감각을 익히는 대신 측량용 사슬에만 의존하게 된다. 로마 저울을 쓰면 손으로 짐작하지 않아도 무게를 알 수 있다. 정교한 기계일수록 우리의 감각은 둔해진다.

하지만 기계가 없던 시절, 사람들은 그 역할을 대신하는 기술을 고안해냈다. 지금까지 기계 없이도 문제를 해결해 온 지혜를 바탕으로 기계를 만든다면, 아무런 손해도 없이 오히려 더 큰 이익을 얻는다. 자연에 기술을 더하는 셈으로, 손이 무디어지지 않으면서도 더욱 정교한 일을 해낼 수 있다.

아이를 책상에 붙들어 놓기보다 작업장으로 데려가 손을 움직이게 하는 편이 낫다. 그렇게 몸을 쓰게 하면 오히려 아이의 지적 능력이 향상된다. 일은 손이 하지만, 배움은 머리에서 완성된다.

나는 이미 순전히 이론적인 지식은 대부분의 경우 아이에게 적합하지 않다고 말한 바 있다. 사춘기에 접어든 나이라 해도 다르지 않다. 아이를 너무 이른 시기에 체계화된 자연과학 속으로 끌어들이기보다는, 겪은 각각의 경험이 서로 논리적으로 이어질 수 있도록 돕는 것이 중요하다. 그래야 이 연결 고리를 통해 경험을 머릿속에 순서대로 정리하고, 필요할 때 쉽게 떠올릴 수 있다. 서로 이어져 있지 않은 사실이나 추론은, 다시 떠올릴 실마리가 없다면 오래 기억되기 어렵다.

  자연의 법칙을 탐구할 때에는 언제나 가장 평범하고 감각으로 뚜렷하게 느낄 수 있는 현상부터 시작하는 것이 좋다. 그리고 이를 성급히 해석하지 않고 먼저 있는 그대로의 사실로 인식하는 습관을 길러야 한다.

  나는 돌 하나를 집어 들고 공중에 들어 올린 뒤 손을 편다. 돌은 곧 땅으로 떨어진다. "이 돌은 왜 떨어졌을까?"

  이 질문 앞에서 입을 다물고 있는 아이는 없다. 내가 성급히 대답하지 않도록 단단히 일러두지 않았다면, 에밀조차 얼떨결에 답했을지도 모른다. 아이들은 모두 돌이 무거워서 떨어진다고 말한다. 그렇다면 무겁다는 것은 도대체 무엇일까? 만약 떨어지는 것이 곧 무거운 것이라면, 돌은 결국 '떨어지기 때문에 떨어진다'는 말밖에 되지 않는다.

  여기서 내 어린 철학자는 말문이 막힌다. 이것이 바로 아이가 처음 배우는 체계적 자연과학 수업이다. 이 수업이 실제로 얼마나 도움이 되든, 분별 있는 사고를 기르는 훈련이 되는 것만은 분명하다.

‘유익’부터 묻게 하고, ‘왜’인지를 따지게 하라

‘유익’이라는 기준으로 시간 쓰기

아이의 지능은 이미 상당히 발달해 있다. 이제는 시간의 가치를 조금씩 깨닫기 시작한다. 따라서 스스로 시간을 효율적으로 관리하는 훈련이 필요하다. 다만 아이의 나이에 적합하고, 충분히 이해할 수 있으며, 실제로 유익하다고 느낄 수 있는 활동에 시간을 쓰도록 지도해야 한다.

도덕적 질서나 사회적 관습에 관한 내용은 너무 이른 시기에 알려줄 필요가 없다. 아직 그런 개념을 이해할 준비가 되어 있지 않다. 무조건 좋다고만 들었지 정작 무엇이 좋은지 알지 못하는 아이에게 “열심히 하라”고 몰아붙이는 것은 분명 불합리하다. 나중에

어른이 되면 도움이 될 것이라 장담해봤자, 지금의 아이는 그 도움 되는 일에 아무런 관심도 없고 그 의미조차 이해하지 못한다.

아이는 남의 말만 듣고 생각 없이 시키는 대로 움직이는 사람이 되어서는 안 된다. 스스로 좋다고 느끼지 않는 이상, 아이에게 진정으로 좋은 것은 아무것도 없다. 아이의 이해력이 미치지 못하는 먼 세계로 성급히 떠밀면서 그것이 사려 깊은 선택이라 착각하지만, 실상은 예측할 수 없는 미래를 앞서 단정하고 자신의 판단을 과신한 것에 불과하다. 평생 한 번도 쓰지 않을 도구 몇 가지를 쥐여주겠다며, 정작 인간에게 가장 보편적인 도구인 '스스로 생각하는 힘'을 빼앗아버린다. 그 결과 아이는 남이 이끄는 대로 따라가는 데 익숙해지고, 결국 타인의 손에 조종당하는 기계 같은 존재로 전락한다.

어른은 아이가 어릴 때 순종적이기를 바란다. 그러나 그렇게 교육하면 결국 남의 말을 곧이곧대로 믿고 쉽게 속는 어른을 만들 뿐이다. 어른은 말한다. "이게 다 널 위한 거야. 지금은 이해가 안 되겠지. 사실 네가 하든 말든 상관없어. 어차피 너 좋으라고 하는 일이니까."

어른이라면 반드시 알아야 할 지식이 분명 존재한다. 그러나 아이는 아직 그것이 어디에 쓰이는지조차 이해하지 못한다. 그렇다면 어른이 된 뒤에도 충분히 알 수 있는 것을 굳이 지금 가르쳐야 하는가? 아이에게 지금 당장 필요한 것만 가르치려 해도 하루가 모자랄 만큼 바쁘다. 그런데 왜 불확실한 미래를 핑계로 현재의 학습을 등한시하는가? 물론 이렇게 반박하는 이도 있을 것이다. "막상 그 지식을 써야 할 순간이 오고 나서야 배우려 하면 너무 늦지 않겠는가?" 나도 그것은 알 수 없다. 그러나 단 한 가지는 분명하다. 그 지식을 더 일찍 가르칠 방법은 없다는 것이다.

❖ '유익'의 의미를 몸으로 가르치기

진정한 스승은 언제나 경험과 감각이다. 인간은 오직 자신이 직접 상황을 겪어봐야만 무엇이 자기 삶에 진정으로 도움이 되는지 알 수 있다. 아이는 언젠가 어른이 되리라는 것을 알고 있다. 아이에게 상상 가능한 어른의 모습은 배움의 계기가 되지만, 이해 범위를 넘어서는 어른의 삶은 차라리 모르는 것이 낫다. 이 책은 이러한 교육 원칙을 증명해 보이려는 하나의 긴 논거일 뿐이다.

  아이에게 '유익하다'는 말의 의미를 제대로 가르치기만 하면, 그 즉시 우리는 아이를 이끌 수 있는 강력한 수단을 얻게 된다. 이 단어는 아이에게 깊은 인상을 남긴다. 아이는 '유익하다'는 말을 자기 나이에 맞는 의미로 받아들이고, 그것이 지금 삶에 어떤 도움이 되는지 또렷하게 인식한다. 반면 다른 아이들은 이 단어에 아무 감흥도 느끼지 않는다. 아무도 이 단어의 뜻을 아이들이 이해할 수 있는 수준에서 설명해준 적이 없기 때문이다. 늘 누군가가 필요한 것을 챙겨주니, 스스로 무엇이 유익한지 고민할 필요조차 없었던 탓이다. 그 결과, '유익하다'는 말이 무슨 뜻인지조차 알지 못하게 된다.

"그게 무슨 쓸모가 있지?" 이제부터 이 말은 아이와 나 사이에서 모든 판단을 가르는 공동의 규칙이자 신성한 기준이 된다. 아이가 무엇을 묻든 나는 항상 이 질문으로 되묻는다.

"그게 무슨 쓸모가 있지?" 이 한마디는 아이들이 끝없이 쏟아내는 무의미하고 지긋지긋한 질문을 효과적으로 멈추게 하는 제동장치 역할을 한다. 아이들은 그런 질문으로 어른들을 지치게 하지만, 정작 아무런 배움도 얻지 못한다. 대개는 알고 싶어서가 아니라 어른들을 자기 마음대로 휘두르려는 의도로 묻기 때문이다.

'오직 유익한 것만 알면 된다'는 가르침을 배운 아이는 마치 소크라테스처럼 질문하게 된다. 이제 아이는 스스로 이유를 생각해보기 전에는 결코 먼저 질문하지 않는다. 왜냐하면 상대가 답을 주기 전에 반드시 이유부터 되물을 것임을 알고 있기 때문이다.

✤ 되묻기의 힘과 신뢰

내가 손에 쥐어준 이 강력한 도구가 아이의 교육에 어떤 영향을 발휘할지는 곧 확인할 수 있다. 아이는 아직 세상의 이치를 거의 알지 못하기에, 교육자가 마음만 먹으면 언제든 단박에 입을 다물게 할 수 있다. 반대로 교육자는 자신이 쌓아온 지식과 경험 덕분에 제안하는 모든 것이 얼마나 유익한지 충분히 설득력 있게 보여줄 수 있다. 그러나 착각해서는 안 된다. 아이에게 "그게 무슨 쓸모가 있지?"라는 질문을 가르쳤다면, 앞으로 아이는 배운 대로 똑같이 되물어올 것이다. "그게 무슨 쓸모가 있죠?"

바로 여기에서 교육자에게 가장 피하기 어려운 함정이 기다린다. 아이가 질문했을 때, 그저 위기를 모면하려는 생각으로 아이가 이해할 수 없는 이유를 단 하나라도 댄다면 모든 것이 끝난다. 그 순간 아이는 교육자가 자기 생각만을 앞세우고 자신의 입장은 무시한다고 느낀다. 그렇게 되면 교육자의 말은 아이에게 유익이 아니라 어른만을 위한 것처럼 보이고, 결국 지금까지 공들여 쌓아온 신뢰가 한순간에 무너진다.

제자 앞에서 순간 말문이 막혔다고 솔직히 시인하거나, 자신이 틀렸다고 인정하려는 교육자가 과연 얼마나 될까? 대부분은 실제 잘못조차도 끝내 인정하지 않으려 한다. 그러나 나는 오히려 설명이 아이의 이해 수준을 넘어섰을 때, 내가 잘못하지 않았더라도 일부러 잘못을 인정할 것이다. 그렇게 하면 내 행동은 언제나 아이의 눈에 분명히 보이고, 아이는 내게 어떤 의심도 품지 않게 된다. 저지르지도 않은 실수를 인정하는 것이, 실수를 감추려는 사람보다 훨씬 더 큰 신뢰를 얻게 한다.

  무엇보다 명심해야 할 것이 있다. 예외적인 경우를 빼면, 아이가 무엇을 배워야 하는지를 정하는 것은 교육자의 몫이 아니다. 배움은 아이 스스로 갈망하고, 찾아내고, 발견해야 한다. 교육자는 단지 아이의 손이 닿는 범위에 배울 거리를 놓아두고, 아이 안에서 배우고자 하는 욕망이 자연스럽게 피어나도록 이끌며, 그 욕망을 충족할 수 있는 수단을 마련해주면 된다.

✣ 질문은 정말 필요할 때만 신중하게 던지자

이 원칙에 따라 아이에게는 질문을 자주 던지지 말고, 정말 필요할 때만 신중하게 선택해 건네야 한다. 그러면 아이가 오히려 더 많이 질문하게 되고, 교육자는 논리적 허점을 드러낼 일이 줄어든다. 결국 교육자는 이렇게 되묻게 될 것이다. "무엇을 알고 싶어서 그 질문을 한 거니?"

　게다가 아이가 무엇을 배우느냐는 중요하지 않다. 중요한 것은 그 내용을 올바르게 이해하고, 어떻게 활용하면 되는지를 파악하는 일이다. 만약 자기 말에 대해 아이에게 도움이 될 만한 설명을 해줄 수 없다면, 애초에 설명하지 않는 편이 낫다. 망설이지 말고 말해야 한다. "내가 해줄 만한 적절한 대답이 없구나." "내가 틀렸다." "그 이야기는 이제 그만하자." 정말 부적절한 설명이었다면 과감히 버려도 아무 문제가 없다. 그러나 그렇지 않다면, 약간의 기다림만으로도 아이가 그 설명이 왜 유익한지 스스로 깨닫는 순간이 곧 찾아온다.

　나는 장황한 설명을 좋아하지 않는다. 아이들은 긴 설명에 집중하지 못하고, 곧잘 잊어버린다. 사물! 반드시 사물로 가르쳐야 한다! 이 말을 아무리 되풀이해도 지나치지 않다. 우리는 말에 지나치게 많은 권위를 부여하고 있다. 수다스러운 교육은 결국 수다쟁이만 길러낼 뿐이다.

주입을 멈추고,
판단력을 키워주자

✤ 경험 없는 설득은 헛수고다

우리가 알아차릴 수 없는 연결 고리로 이어진 원인과 결과, 개념조차 제대로 형성되지 않은 행복과 고통, 한 번도 느껴본 적 없는 욕구는 우리에게 아무 의미가 없다. 아무리 개념을 알려줘도 직접 경험하지 못하면 마음이 움직이지 않고, 행동으로 이어지지도 않는다.

   열다섯 살에 지혜로운 이가 느끼는 행복을 깨닫는 것은, 서른 살에 천국의 영광을 논하는 것과 다르지 않다. 어떤 개념이든 제대로 이해하지 못하면 그것을 얻기 위해 노력할 생각조차 들지 않는다. 설령 이해한다 해도 욕망이 생기지 않거나 자기 삶에 어울린다고 느끼지 못한다면 행동으로 옮기지 않는다.

가르칠 내용이 유익하다고 아이를 설득하기는 쉽다. 그러나 아이가 진정으로 납득하지 못한다면 설득은 아무 의미가 없다. 차분한 이성으로 옳고 그름을 판단하는 것만으로는 부족하다. 오직 열정만이 행동을 움직인다. 그런데 아직 무엇인지도 모를 일에 어떻게 열정을 품으라는 것인가?

따라서 아이가 스스로 보지 못하는 것은 그 무엇도 보여주어서는 안 된다. 아이에게 인간다운 삶은 아직 낯설다. 아이를 당장 어른의 수준으로 끌어올릴 수 없다면, 어른이 아이의 눈높이에 맞춰 내려가야 한다. 훗날 도움이 될 것을 염두에 두더라도, 지금 이 순간 아이가 스스로 유용하다고 느낄 수 있는 내용만 말하는 편이 낫다.

❋ 다른 아이와의 비교 말고, 자기 경쟁

아이에게 이성이 싹트는 순간부터는 절대 다른 아이와 비교해서는 안 된다. 경쟁자도, 적수도 두지 말아야 한다. 심지어 단순한 달리기 같은 놀이조차 마찬가지다. 질투나 허영심 때문에 배우는 것이라면 차라리 배우지 않는 편이 백배는 낫다.

다만 나는 매년 아이가 얼마나 성장했는지 기록해둘 생각이다.

그리고 이듬해에 그 기록과 비교해 얼마나 달라졌는지 알려줄 것이다. "너는 이만큼 더 자랐구나. 예전에는 이 도랑을 뛰어넘었지. 저 정도 무게를 들 수 있었고, 돌을 던지면 저기까지 날아갔어. 단숨에 저 거리까지 달릴 수 있었지. 자, 이제는 어디까지 할 수 있을까?" 이렇게 아이 스스로의 발전을 확인하게 한다.

나는 아이의 의욕을 북돋우면서도, 결코 누구에 대한 질투심을 품지 않게 한다. 아이는 자기 자신을 뛰어넘고 싶어질 것이다. 그리고 그렇게 해야 한다. 자기 자신과의 경쟁이라면 결코 막을 이유가 없다.

✣ 사물 먼저, 사회는 나중에

인간이라는 존재를 제대로 이해하려면 그 전에 알아야 할 것이 얼마나 많은가! 인간은 현자조차 생의 마지막에 이르러서야 탐구할 수 있는 주제다. 그런데 그 어려운 공부를 아이에게 가장 먼저 시키겠다고?

우리가 느끼는 감정을 설명하기 전에, 먼저 그 감정의 가치를 스스로 느낄 수 있도록 이끌어야 한다. 어리석음을 이성으로 착각하는 사람은 어리석음을 이해한 것이 아니다. 지혜란 지혜롭지 못한 것을 구별할 줄 아는 데서 시작된다. 타인의 판단이 옳은지 분간하지 못하고 그 속의 오류도 가려내지 못한다면, 아이가 과연 사람을 이해할 수 있을까?

사람들이 무슨 생각을 하는지 아는 것 자체는 문제가 되지 않는다. 그러나 그 생각이 옳은지 그른지 알지도 못한 채 받아들이는 것은 해롭다. 따라서 무엇보다도 먼저 사물 자체의 본질을 가르쳐야 한다. 그런 다음에야 비로소 그 사물이 사람들의 눈에 어떻게 비치는지 알려주는 것이 바람직하다. 이렇게 과정을 밟아야만 아이는 의견과 진리를 비교할 수 있고, 사회적 통념에서 벗어나 스스로 생각할 수 있다.

한 번 편견에 빠지면 더 이상 편견인지조차 구별할 수 없으며, 대중과 똑같이 생각하는 한 결코 대중을 이끌 수 없다. 그런데 아이가 사회적 통념의 의미를 분별할 줄도 모르는데 그것부터 가르친다면, 결국 아이는 그 통념을 그대로 흡수해버리고 만다. 그렇게 자리 잡은 생각은 아무리 애써도 지워낼 수 없다.

내 결론은 분명하다. 아이가 올바른 판단력을 지닌 어른으로 자라길 바란다면 우리의 생각을 일방적으로 주입하려 들지 말아야 한다. 이제 필요한 것은 '정답'이 아니라, 오류를 피하는 판단과 늘 '왜'를 묻는 습관이다.

❖ 오류를 피하는 판단 훈련

이제 준비가 끝났다. 아이는 더 이상 아이가 아니다. 하나의 독립된 존재로 거듭날 시간이다. 지금 아이는 자신과 세상을 긴밀히 잇는 필연성을 그 어느 때보다 강하게 실감한다. 우리는 먼저 몸과 감각을 단련했고, 이어 이성과 판단력을 훈련시켜왔다. 이제 아이는 몸을 자유롭게 움직이고, 정신 능력도 한층 발달했다. 마침내 행동하고 사유할 줄 아는 존재가 된 것이다.

온전한 인간으로 성장시키기 위해 남은 과제는 단 한 가지다. 그것은 바로 '사랑하고 공감할 줄 아는 존재'로 이끄는 일이다. 다시 말해, 감정을 통해 이성을 완성해야 한다. 그러나 그 새로운 단계로 들어가기 전에, 지금 막 지나온 과정들을 되돌아볼 필요가 있다. 가능한 한 정확하게 우리가 어디까지 이르렀는지 점검해야 한다.

처음에 아이는 오직 감각만 지니고 있었다. 그러나 지금은 스스로 생각할 수 있다. 예전에는 단지 느낄 뿐이었지만 이제는 판단한다. 여러 감각을 연속적으로, 또는 동시에 비교하면서 하나의 복합적 인식, 즉 관념이 형성된다. 나는 이를 '복합 감각'이라고 부른다.

관념을 형성하는 방식이야말로 인간 정신의 고유한 성격을 규정한다. 실제 관계에 바탕을 둔 관념은 건전하며, 겉으로 드러난 관계에 만족하는 관념은 피상적이다. 관계를 있는 그대로 보는 정신은 정확하고, 관계를 잘못 판단하는 정신은 왜곡된다. 현실성도 외형도 없는 관계를 지어내면 광인이 되고, 아예 비교조차 하지 않으면 얼간이가 된다. 결국 관념들을 비교하고 그 사이의 관계를 읽어내는 능력의 차이가 사람의 지적 수준을 결정한다.

단순 관념은 감각들을 비교한 결과에 지나지 않는다. 단순 감각에도 이미 판단이 작용한다. 다만 감각의 단계에서 판단은 전적으로 수동적이다. 그저 '지금 느끼고 있다'고 확인하는 것뿐이다. 반면 관념의 단계에서 판단은 능동적이다. 감각만으로 설명할 수 없는 관계를 연결하고, 비교하고, 규정하는 것이다. 이 차이는 사소하지만 결정적이다. 자연은 결코 우리를 속인 적이 없다. 늘 스스로를 속이는 쪽은 우리 자신이다.

밤에 달과 그 사이를 지나는 구름을 보여주면, 아이는 구름은 멈춰 있고 달이 반대 방향으로 움직인다고 믿을 수 있다. 작은 물체가 큰 물체보다 쉽게 움직인다는 경험에 익숙한 데다, 구름이 달보다 더 크게 보이기 때문이다. 달의 거리를 가늠하지 못한 탓이다.

또 다른 상황에서는 정반대의 착각에 빠진다. 배를 타고 물살을 가르며 나아갈 때, 아이는 연안이 재빠르게 이동한다고 생각한다. 자신이 움직이고 있다는 감각이 없으니, 배와 강물과 수평선을 모두 정지한 배경으로 여기고 연안까지도 그 일부로 본 것이다.

물에 반쯤 잠긴 막대기를 처음 본 아이는 막대기가 부러졌다고 믿는다. 보이는 그대로를 본 것이다. 왜 그렇게 보이는지는 모르지만 감각 자체는 잘못되지 않았다.

따라서 "부러진 막대기요"라고 대답한다면 이는 진실이다. 실제로 아이는 '부러진 막대기'를 보고 있기 때문이다. 그러나 아이가 한 걸음 더 나아가 그것이 실제로 부러진 막대기라고 단정한다면, 그때는 잘못된 말을 하게 된다. 이 순간부터 아이는 능동적 판단을 개입시킨 것이기 때문이다.

모든 오류는 '판단'에서 비롯된다. 만약 우리가 결코 판단할 필요가 없다면, 배움도 필요하지 않았을 것이다. 실수할 일도 없고, 오히려 무지 속에서 더 행복했을지도 모른다. 학자들이 무지한 사람은 평생 알 수 없는 수많은 진실을 안다는 사실을 부정할 수는 없다. 그러나 그렇다고 해서 학자들이 진리에 더 가깝다고 말할 수 있을까? 오히려 정반대다.

학자들은 앞으로 나아갈수록 진리에서 멀어진다. 판단하려는 허영심이 이성보다 더 빠르게 자라기 때문이다. 한 가지 진리를 깨우치기 위해 백 번의 잘못된 판단을 내린다. 그래서 유럽의 학술단체들이 공공연히 거짓을 가르치는 학교에 불과하다는 사실은 분명하다. 과학 아카데미 하나가 북미 원주민 부족인 위롱족 전체보다 더 많은 오류로 뒤덮여 있을 정도다.

많이 알수록 많이 틀린다. 따라서 오류를 피하는 유일한 방법은 무지다. 판단하지 않으면 잘못 생각할 일이 없다. 이것이 자연의 가르침이며, 동시에 이성의 가르침이다. 올바른 판단력을 기르는 가장 좋은 방법은 경험에서 핵심만 추출하고, 나아가 경험 없이도 오류에 빠지지 않도록 본질을 꿰뚫는 훈련을 하는 것이다.

서로 다른 감각을 비교하고 그 관계를 충분히 검토한 다음에는, 각 감각이 다른 감각에 의존하지 않고도 그 자체로 진실을 분별할 수 있어야 한다. 그렇게 되면 감각 하나하나가 우리 안에서 관념으로 자리 잡고, 그 관념은 언제나 진리와 일치할 것이다. 이 능력을 기르는 것이 내가 생애 세 번째 단계에 해당하는 이 시기에 추구한 교육의 목표다.

이 교육 방식은 엄청난 인내와 신중함을 요구한다. 그러나 안타깝게도 이런 자질을 제대로 갖춘 교육자는 드물다. 그래서 대부분은 제자에게 올바른 판단력을 길러주지 못한다. 이를테면, 아이가 물속 막대기가 부러졌다고 생각할 때, 서둘러 막대기를 꺼내 보이며 오해를 풀어준다면 아이는 곧 알게 될 사실 하나만 배울 뿐이다.

아, 정말 이런 식으로 해서는 안 된다! 아이에게 진리를 알려주는 일보다 중요한 것은, 스스로 진리를 발견할 수 있도록 접근법을 가르치는 것이다. 섣불리 착각을 바로잡으려 하지 말라.

좋은 교육은 많이 알려주는 데 있지 않다. 오류를 피하고, 이유를 묻는 습관을 새기는 데 있다.

살아가는 기술,
살아남는 법부터 가르치자

✤ 교환과 분업이야말로 함께 사는 힘

주변 세계를 충분히 관찰한 뒤에 남은 과제는 무엇일까? 이제는 받아들인 것들을 우리 삶에 맞게 바꾸고, 호기심을 활용해 삶의 수준을 한 차원 더 끌어올려야 한다.

지금까지 우리는 무엇이 필요한지조차 알지 못한 채 그저 온갖 도구를 준비해왔다. 지금 당장은 쓸모없어 보일지 몰라도, 우리가 준비한 것들이 다른 누군가에게는 도움이 될 수 있다. 그리고 언젠가는 우리 역시 누군가가 가진 무언가를 필요로 하게 될지도 모른다. 이 교류를 통해 모두가 이득을 얻는다. 그러기 위해서는 먼저 서로의 필요를 알아야 한다. 각자가 상대에게 무엇을 기대할 수 있는지, 또 자신이 무엇을 되돌려줄 수 있는지를 파악하는 것이 출발점이다.

열 명의 사람이 있다고 가정해보자. 각자는 열 가지 욕구를 지니고 있으며, 이를 충족하려면 열 가지 서로 다른 일을 해야 한다. 그러나 사람마다 타고난 재능과 소질이 달라 어떤 일에는 서툴고, 다른 일에는 미숙하다. 모든 사람이 똑같은 일을 맡는다면 결국 누구도 만족할 수 없다.

이 열 사람이 함께 하나의 사회를 이룬다고 해보자. 각자가 자신과 아홉 명의 동료를 위해 가장 잘하는 일에 전념한다면, 마치 모든 재능을 다 갖춘 듯 서로의 장점을 나눠 가질 수 있다. 반복된 훈련은 재능을 더욱 완성시키고, 그 결과 모두가 넉넉히 생활하며 여유분으로 타인까지 도울 수 있게 된다. 바로 이것이 사회 제도가 표면적으로 내세우는 원칙이다.

이 원칙이 실제로 어떤 결과를 낳는지는 여기서 논외로 하겠다. 다만 분명한 점은, 사회와 완전히 단절된 채 자기만으로 충분하다고 믿는 사람은 결코 비참함을 피할 수 없다는 사실이다. 어쩌면 생존조차 불가능할 것이다. 온 세상이 철저히 네 것과 내 것으로 나뉘어 있고, 자기 몸뚱이 하나밖에 가진 게 없다면 생존에 필요한 것은 어디에서 구할 수 있겠는가?

자연 상태에서 벗어나는 순간, 다른 사람들도 어쩔 수 없이 따라 나올 수밖에 없다. 누구도 고립된 채 자연 상태에 머무를 수 없으며, 설령 버티려 해도 살아갈 수 없다면, 그것이야말로 자연의 법칙에 어긋난다. 자연의 첫 법칙은 살아남기 위해 전력을 다하는 것이기 때문이다.

이처럼 사회적 관계에 대한 관념은 아이가 사회의 실제 구성원으로 활동하기 전에 이미 마음속에 싹튼다. 에밀은 '도구를 얻으려면 다른 사람이 원하는 도구도 갖추어야 한다'는 사실을 깨닫는다. 그래야만 자신에게 꼭 필요한 것을 교환할 수 있다. 나는 에밀이 이러한 교환의 필요성을 자연스럽게 느끼고, 교환을 통해 스스로 상황을 유리하게 이끌어가는 법을 배우도록 돕는다.

❖ 삶을 지키는 법부터 가르치자

자연이 우리에게 주는 두려움 중 가장 강력한 것은 죽음이다. 따라서 죽음을 앞두고 살기 위해 발버둥치는 사람이 어떤 행동을 하더라도, 자연의 관점에서는 모두 정당화된다. 고결한 사람은 자신의 목숨을 가볍게 여기며, 의무를 위해 기꺼이 희생하는 법을 배운다.

그러나 이러한 도덕적 원칙은 죽음을 피하려는 원초적 본능과는 전혀 다른 차원에 속한다. 애쓰지 않아도 선할 수 있고, 덕이 없어도 정의로울 수 있는 민족이 있다면 얼마나 복된 일일까? 반대로, 악행을 저질러야만 생존할 수 있고, 모든 시민이 구조적으로 사기를 치지 않고는 살아남지 못하는 사회가 있다면, 단죄해야 할 대상은 범죄자가 아니라 그들을 그렇게 몰아넣은 체제일 것이다.

에밀이 삶의 의미를 깨닫는 순간, 내가 가장 먼저 가르칠 것은 바로 삶을 지키는 법이다. 지금까지 나는 신분도, 계급도, 재산도 구분하지 않았다. 앞으로도 그럴 것이다. 인간은 어떤 처지에 있든 본질적으로 동일하기 때문이다. 부자라고 해서 가난한 이보다 위장이 더 크거나 음식을 더 잘 소화하는 것은 아니다. 주인이 노예보다 팔이 더 길거나 힘이 더 센 것도 아니다. 귀족이라고 해서 평민보다 반드시 키가 더 크다는 보장도 없다. 결국 자연적 욕구는 누구에게나 동등하다. 그러므로 이 욕구를 충족시킬 수 있는 수단도 마땅히 평등하게 주어져야 한다.

❖ 재능인가, 욕망인가? 관찰이 답이다

아이에게 자연과 예술의 작품을 하나씩 보여주며 호기심이 이끄는 대로 함께 따라가다 보면, 아이가 무엇을 좋아하고 어디에 관심을 기울이며 어떤 성향을 지녔는지 관찰할 수 있다. 이때 분명한 재능이 있다면 그 첫 빛이 반짝이는 순간을 포착할 수 있다.

그러나 흔히 저지르는 실수가 있다. 우연에서 비롯된 결과를 타고난 재능으로 착각하거나, 단순한 모방 욕구를 뚜렷한 예술적 성향으로 오해하는 것이다. 인간과 원숭이는 모두 본 것을 기계적으로 따라 하려는 본능을 지녔다. 정작 그것이 무슨 쓸모가 있는지도 모른 채 흉내부터 낸다.

세상에는 기술이나 예술에 타고난 소질이 전혀 없음에도 억지로 떠밀려 종사하는 장인과 예술가가 많다. 어떤 이는 외부 여건에 의해, 어떤 이는 겉보기에는 열정처럼 보이는 충동에 속아 그 길로 들어선다. 그러나 다른 예술을 먼저 접했다면 곧장 그쪽으로 옮겼을 것이다. 고작 그 정도의 열의에 불과하다. 북소리에 흥분해 장군이 되었다고 착각하는 아이, 건축 현장을 보고 건축가가 되겠다고 결심하는 아이도 마찬가지다. 누구나 남이 하는 일을 보면 해보고 싶어 한다. 특히 그것이 사람들에게 인정받는다고 생각되면 더욱 그렇다.

어떤 일을 좋아하는 것과 그 일에 소질이 있는 것 사이에는 분명한 차이가 있다. 아이에게 진정한 재능과 확고한 취향이 있는지를 확인하려면, 욕망보다 훨씬 더 은밀하게 드러나는 성향을 세심히 관찰해야 한다. 그러나 많은 경우 어른들은 성향을 간파하지 못하고 겉으로 드러나는 욕망만 보고 성급히 판단한다.

    나는 통찰력 있는 사람이 나서서 아이를 관찰하는 법에 관한 체계적인 이론서를 써주기를 바란다. 이 기술은 반드시 익혀야 할 만큼 중요하다. 하지만 지금까지 부모도 교사도 그 기본조차 제대로 알지 못하고 있다.

알고 있는 지식만큼은
완전히 자기 것이 되도록 하자

❖ 내 것이 되는 앎: 양보다 내실

에밀은 아는 것이 많지 않다. 그러나 알고 있는 지식만큼은 온전히 자기 것이며, 결코 어설프게 알고 넘어가는 법이 없다. 지식의 양은 적지만 하나하나 정확하게 이해하고 있다.

그리고 무엇보다 중요한 사실은 이것이다. 아직 배우지 못했지만 언젠가는 알게 될 지식이 여전히 많고, 다른 사람들은 알고 있어도 자신은 평생 알지 못할 지식은 그보다 훨씬 더 많으며, 인간이 결코 도달할 수 없는 지식은 무한하다는 점이다.

에밀은 알고 있는 지식이 많아서가 아니라, 언제든지 새로운 지식을 익힐 수 있는 능력을 갖추고 있기에 박식한 사람이다. 그의 사고는 유연하고 이해력은 뛰어나며, 어떤 배움에도 기꺼이 나설 준비가 되어 있다. 몽테뉴가 말했듯, 아직 배우지 않았더라도 앞으로 배울 수 있다면 그것으로 충분하다.

내가 바라는 것은 단 하나다. 아이가 자신이 하는 모든 일에 "무슨 의미가 있을까?"를 묻고, 자신이 믿는 모든 것에 대해 "왜 그럴까?"를 따져볼 줄 안다면 그것으로 충분하다.

다시 말하지만, 내 목표는 지식을 직접 주입하는 것이 아니다. 내가 지향하는 교육은 필요할 때 스스로 지식을 얻을 수 있는 능력을 길러주고, 지식의 가치를 올바르게 판단할 수 있도록 훈련시키며, 무엇보다 진리를 최우선으로 여기는 마음을 일깨워주는 것이다. 이런 방식은 더디게 보일 수 있다. 그러나 단 한 걸음도 헛되지 않으며, 되돌아가야 할 일도 없다.

❖ 경험에서 출발하는 학습

에밀이 알고 있는 지식은 모두 자연 속에서 스스로 익힌 것으로, 그 기초는 오직 '경험'뿐이다. 그는 역사라는 말조차 들어본 적이 없고, 형이상학이나 도덕이 무엇인지 전혀 알지 못한다. 다만 인간이 사물과 맺는 본질적인 관계는 이해하지만, 인간이 인간과 맺는 도덕적 관계에 대해서는 무지하다. 개념을 일반화하는 데는 서툴고, 추상적으로 사고하는 능력도 부족하다. 사물들 사이의 공통된 성질을 알아볼 수는 있지만, 그 성질 자체를 논리적으로 추론하지는 못한다.

에밀은 기하학적 도형을 통해 추상적인 공간 개념을 배우고, 대수학 기호를 통해 추상적인 수량 개념을 이해한다. 이 도형과 기호는 일종의 통로 역할을 해서, 감각이 이 길을 따라 추상적 개념에 도달할 수 있도록 이끌어준다.

✤ 관계로 판단하고, 흔들리지 않는다

에밀은 사물 자체에는 큰 관심을 두지 않는다. 언제나 자신이 흥미를 느끼는 관계를 통해서만 사물을 파악한다. 심지어 자신과 직접 관련 없는 대상조차 자신과의 관계를 기준으로 판단하지만, 그 판단은 언제나 정확하고 확실하다. 상상이나 사회적 관습이 이 판단에 끼어들 틈은 전혀 없다. 에밀은 자기 삶에 더 이로운 것에 더 큰 가치를 두며, 이 기준에서 단 한 번도 벗어난 적이 없다. 그렇기에 타인의 평가에 흔들리지 않는다.

에밀은 근면하고 성실하며, 절제할 줄 알고, 인내심이 강하고,

의지가 굳세고, 용기가 있다. 상상력이 지나치게 자극된 적이 없어 위험을 실제보다 과장하지 않는다. 웬만한 고통에는 쉽게 흔들리지 않고, 고통이 닥쳐도 의연히 견뎌낸다. 운명에 맞서려는 생각 자체가 없기 때문이다.

에밀은 아직 죽음을 제대로 알지 못한다. 그러나 이미 필연성의 법칙을 저항 없이 받아들이는 데 익숙해져 있어, 죽음이 가까워지는 순간이 와도 신음하거나 몸부림치지 않고 평온히 받아들일 것이다. 이것이야말로 모든 사람이 두려워하는 그 순간에 자연이 허락하는 유일한 태도다. 죽음을 담담히 맞이하려면 자유롭게 살고 인간 세상에 집착하지 않는 것, 그것이 최선이다.

✤ 오직 자기 자신으로 존재한다

한마디로 말해, 에밀은 개인으로서 필요한 덕목을 모두 갖추었다. 이제 사회적 덕목까지 더하려면 필요한 것은 단 두 가지뿐이다. 그런 덕목을 요구하는 사회적 관계를 파악하는 일과, 받아들일 준비가 된 지금 몇 가지 깨달음을 얻는 일이다.

아이는 타인을 전혀 의식하지 않은 채 오직 자기 자신으로 존재한다. 다른 사람들이 자신을 신경 쓰지 않아도 전혀 개의치 않는다. 누구에게도 아무것도 요구하지 않고, 누구에게 빚졌다고 생각하지도 않는다. 그는 인간 사회 속에 있으면서도 홀로 독립된 존재로 살아가며, 오직 자기 자신만을 믿는다. 그리고 스스로를 신뢰해도 될 만큼 충분히 준비되어 있다. 그 나이에 도달할 수 있는 모든 것을 이미 성취했기 때문이다.

　에밀은 피할 수 없는 오류를 제외하면 어떤 잘못도 저지르지 않는다. 뚜렷한 결점도 없다. 있다 하더라도 그것은 인간이라면 누구나 맞닥뜨릴 한계일 뿐이다.

　애밀의 몸은 건강하고, 팔다리는 민첩하다. 이성은 올곧고 편견이 없으며, 마음은 자유롭고 격정에 흔들리지 않는다. 자존심은 모든 감정 가운데 가장 먼저 생겨나고 가장 자연스러운 것이지만, 에밀은 아직 자존심이 크게 자극된 적이 없다.

　자, 에밀은 그 누구의 평온도 해치지 않고, 자연이 허락하는 한도 안에서 만족스럽게, 행복하고 자유롭게 살아왔다. 그렇게 해서 마침내 열다섯 살이 되었다. 이 과정을 지켜본 이가 있다면, 지금까지 아이가 보낸 시간이 무의미했다고 과연 말할 수 있을까?

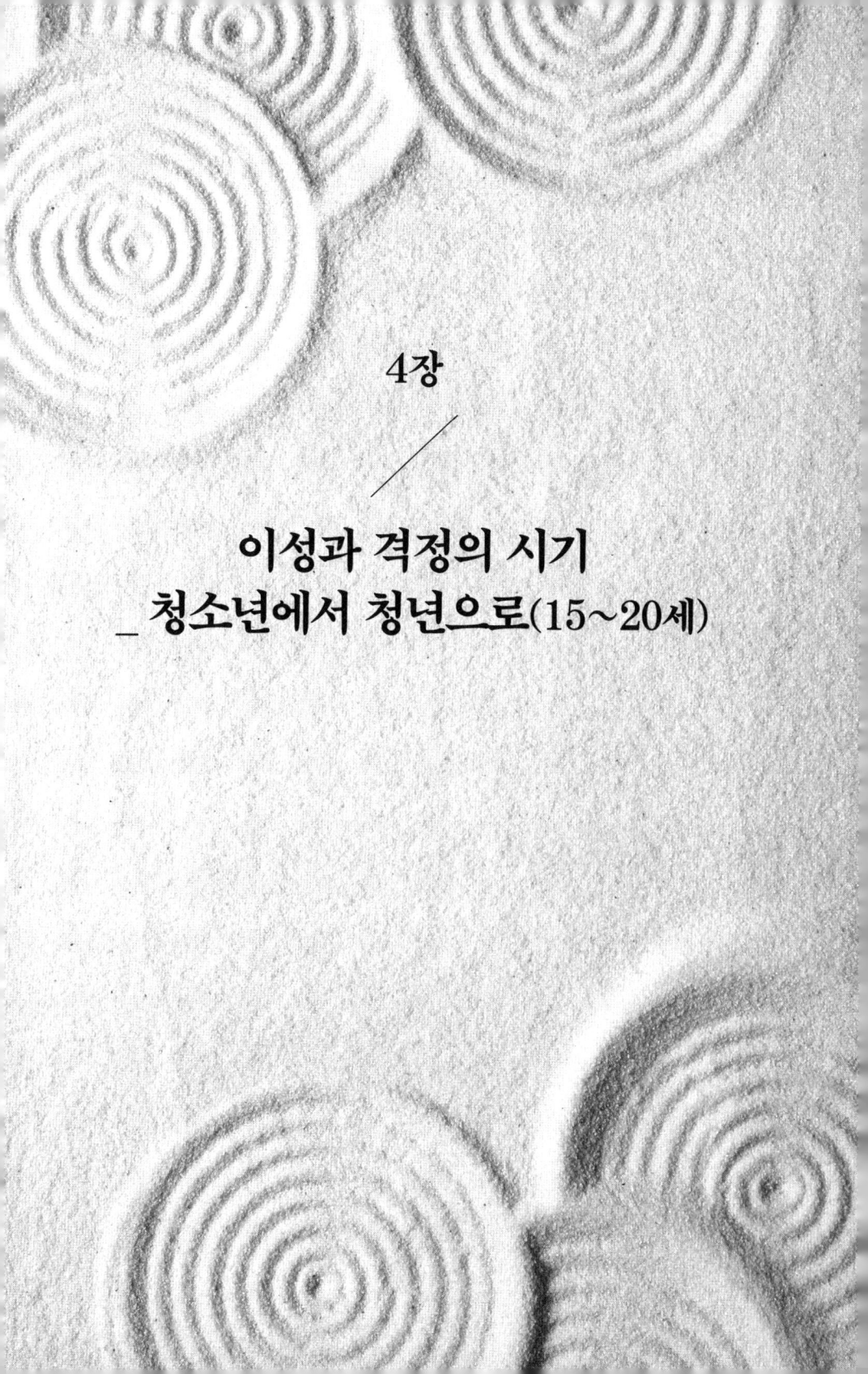

4장

이성과 격정의 시기
_청소년에서 청년으로(15~20세)

루소는 이 장에서 청소년에서 청년으로 넘어가는 결정적 시기를 제시한다. 이제 아이는 더 이상 단순히 몸과 마음을 단련하는 단계에 머물지 않고, 본격적으로 사회적 존재로 나아갈 준비를 한다. 사춘기의 문턱에서 시작된 혼란은 이제 격정으로 폭발하고, 동시에 이성이 그 격정을 붙잡으려 애쓴다. 사랑과 질투, 욕망 같은 감정이 솟구치는 한편 사고의 힘도 점차 단단해지면서 새로운 균형을 요구한다. 이 시기의 특징은 바로 '감정과 이성이 충돌하면서도 함께 성숙해가는 과정'이라는 것이다.

따라서 교육자는 단순히 청소년을 다루던 방식에서 벗어나, 청년으로 성장하는 이 전환기를 제대로 인도해야 한다. 청년은 꿈꾸되 현실을 배워야 하고, 격정을 겪되 도덕을 길러야 한다. 우정과 사랑은 책임을 배우게 하고, 정의와 자유는 사회적 삶의 기초를 닦게 하며, 신앙과 양심은 내적 확신으로 자리 잡는다. 이 장은 사춘기의 흔들림이 어떻게 청년기의 성숙으로 이어지며, 인간이 비로소 사회적 존재로 완성되는 길이 되는지를 살핀다.

사춘기의 몸과 마음은
두 번째 탄생의 신호가 된다

❖ 두 번째 탄생인 '사춘기'는 몸에서 시작된다

사춘기는 단순한 성장 과정이 아니라 '두 번째 탄생'이다. 자연은 아이의 몸과 마음을 다시 빚어 성인으로 이끈다. 목소리는 변하고 솜털은 거칠어지며, 근육은 힘을 얻으려 하지만 아직 조화를 이루지 못한다. 이러한 변화는 단순한 생리적 징후가 아니라, 인간 전체가 새로운 단계로 들어섰음을 알리는 신호다.

이 시기의 아이는 자신이 달라지고 있음을 예민하게 감지한다. 몸의 변화는 곧 마음의 혼란으로 이어진다. 어제의 자신과 오늘의 자신이 다르게 느껴지고, 낯선 힘이 솟구치는 듯하다. 거울 속 모습이 더 이상 익숙하지 않고, 새로운 자아가 그를 불안하게 만든다.

그러나 이 불안정은 단순한 혼란이 아니다. 그것은 자연이 인간을 새롭게 만들고 있는 과정이다. 사춘기의 흔들림은 성숙으로 나아가는 관문이자, 인간이 완성되는 길목이다. 교육자는 이 불안정을 흠으로 보지 말고 자연의 신호로 읽어야 한다.

사춘기의 힘은 먼저 신체에서 시작된다. 팔다리는 길어지고 걸음은 성급해지지만 균형은 쉽게 무너진다. 힘이 생겼다고 느끼는 순간, 사소한 실패 하나가 곧바로 낙담을 불러일으킨다. 성공과 좌절을 번갈아 겪게 하되, 어느 쪽에도 오래 머물지 않도록 해야 한다. 아이가 자기 속도의 리듬을 발견하게 되면 차츰 조급함은 사라진다.

새로운 힘을 시험하는 일은 필요하다. 다만 겨루기에서 상대를 이기는 쾌감이 아니라, 스스로 어제의 자신을 이기는 기쁨을 알게 해야 한다. 그때 힘은 타인을 누르는 수단이 아니라, 자신을 다스리는 기초가 된다.

❖ 눈빛이 달라지고, 태도가 독립을 배운다

사춘기에 접어든 아이의 눈빛은 한층 빛나지만 동시에 흔들린다. 이제 그는 더 이상 단순히 명령에 따르는 존재가 아니다. 눈빛에는 독립심이 스며들고, 태도는 자기 주장을 앞세운다. 고집은 강해지고, 타인의 간섭에 예민하게 반응한다. 이전에는 부드럽게 복종하던 아이가 이제는 어른과 맞서 자기 의지를 내세운다.

감정의 기복은 하루에도 몇 차례 찾아온다. 방금 전까지 다정하던 아이가 곧 반항하고, 웃음과 눈물이 순식간에 교차한다. 그는 이유 없이 화를 내고, 사소한 말에도 크게 흔들린다. 그러나 이 불안정은 비로소 '자기 세계'가 열리고 있음을 보여준다. 아이는 더 이상 단순한 아이가 아니라, 자기 안에서 새로운 힘을 발견해가는 존재다.

이때 교육자는 아이의 고집을 억누르려 해서는 안 된다. 억압은 반항을 부르고, 반항은 더 큰 혼란을 낳는다. 중요한 것은 아이가 자기 힘을 어떻게 다스릴지를 스스로 배우도록 하는 것이다. 눈빛의 흔들림과 태도의 변화는 도덕적 성숙의 출발점이 된다.

✤ 마음의 흔들림은 성숙을 준비한다

사춘기의 아이는 자신도 알 수 없는 감정의 소용돌이 속에 있다. 이유 없이 웃고 울며, 충동에 따라 움직이고, 때로는 자기 모순에 빠진다. 그러나 이 불안정은 결코 부정적인 것이 아니다. 그것은 자연의 손길이 아직 미완의 인간을 다듬어가는 긍정적인 과정이다.

많은 말보다 짧은 고독이 더 유익하다. 자연 속에서 혼자 걷게 하라. 길가의 바람, 풀잎의 냄새, 먼 종소리 등 감각은 마음을 가라앉힌다. 고독은 도피가 아니라 균형을 찾는 연습이다. 혼자 있을 줄 모르는 마음은 언제나 외부의 소음에 흔들린다. 이 시간에 스스로를 관찰하게 하라. "오늘 나는 무엇을 원했는가, 무엇을 두려워했는가?" 이런 질문은 교사의 설교보다 더 깊이 남고 의미가 있다.

새로운 힘은 성급하지만 아직 균형을 얻지 못했다. 욕망은 앞서 달리고, 이성은 뒤따르지 못한다. 그래서 충동과 후회의 반복이 이어진다. 그러나 이 흔들림 속에서 아이는 자기 한계를 깨닫고, 점차 자기 안의 목소리를 듣는 법을 배운다. 혼란은 오히려 성숙을 이끄는 토대가 된다.

따라서 교육자는 사춘기의 불안정에 조급해하지 않아야 한다. 아이가 겪는 혼란은 병이 아니라 성장의 징후다. 자연이 마련한 이 과정을 존중할 때, 아이는 비로소 자기 힘을 다스리며 성숙한 인간으로 나아간다.

사춘기의 수치심은 허영과 구별되어야 한다. 타인의 시선만을 의식하는 허영은 마음을 비우지만, 잘못을 알고 스스로를 바로잡으려는 수치심은 인격을 세운다. 꾸짖음보다 더 강한 훈련은 아이가 자신을 부끄러워하는 순간을 곁에서 조용히 지켜보는 일이다. 그 침묵이 교훈을 완성한다.

교육은 훈육에서 벗어나
동행의 길로 들어선다

✤ 훈육은 물러서고, 동행이 시작된다

어린 시절에는 명령과 기만으로도 아이를 다스릴 수 있었다. 그러나 사춘기에 들어서면 이러한 방식은 더 이상 통하지 않는다. 아이는 단순히 따르지 않고 스스로 판단하려 들며, 권위에 반항하기 시작한다. 이때 교육은 훈육에서 동행으로 전환되어야 한다.

이 시기의 가르침은 짧아야 한다. 긴 설교는 상상력을 자극해 반항을 낳지만, 짧은 사실은 스스로 생각하게 만든다. "지금 네가 한 일이 이런 결과를 낳았다." 결과를 보게 하라. 결과를 본 마음은 스스로 판단한다. 질문을 앞세워라. "네가 선택할 수 있다면 어느 쪽이 더 자유로운가?" 강요된 선행은 덕이 아니고, 선택된 질서는 자유다.

　권위는 더 이상 강압에서 나오지 않는다. 진정한 권위는 존경할 만한 품위와 성실함에서 비롯된다. 억누르려 할수록 아이는 멀어지고, 함께 걸어줄수록 신뢰가 깊어진다. 교육자는 지배자가 아니라 동행자가 되어야 한다.

　아이에게 말을 전할 때도 달라져야 한다. 장황한 교훈이나 권위적인 지시는 설득력을 잃는다. 오히려 간결한 사실과 솔직한 태도가 더 큰 힘을 갖는다. 아이가 스스로 질문을 던질 수 있는 여백을 남겨두는 것이 교육의 기술이다. 침묵 속에서 아이는 자기 내면의 목소리를 듣는 법을 배운다.

✤ 권위는 강제가 아니라 모범에서 나온다

사춘기의 아이는 더 이상 단순한 복종으로 배우지 않는다. 그는 진실함과 우정을 통해 배우며, 감사의 마음으로 권위를 받아들인다. 권위는 두려움이 아니라 신뢰에서 비롯된다. 따라서 권위를 유지하기 위해 필요한 것은 강제가 아니라 모범이다.

　교육자는 이제 단순히 지식을 주입하는 사람이 아니다. 그는 아이와 함께 탐구하고, 같은 길을 걷는 동반자다. 권위가 서는 까닭은 힘이 아니라 성실함에 있다. 아이에게 필요한 것은 강한 규율이 아니라 신뢰와 우정이다. 존중받을 때 아이는 자신을 존중하고, 도덕적 기준을 스스로 내면화한다. 이것이 훈육에서 동행으로 바뀌는 교육의 핵심이다.

은혜는 자주 베풀면 호의가 아니라 권리로 바뀌고, 벌은 쉽게 쓰면 정의가 아니라 분노가 된다. 선행에는 담담한 승인으로 응답하고, 잘못에는 피해의 회복으로 응답하라. 선과 악은 감정이 아니라 질서 속에서 배우게 하라. 그때 권위는 두려움이 아니라 신뢰에서 솟아난다.

✤ 성장을 서두르지 말고 계절을 따르자

사춘기 교육에서 가장 경계해야 할 것은 '서두름'이다. 변화를 억누르면 상상력이 불필요하게 자극되고, 성숙을 앞당기면 감정은 폭발한다. 달리는 말에 채찍을 더하지 않듯, 성장에는 자연의 속도를 존중하는 인내가 필요하다.

아이가 겪는 혼란은 결점이 아니라 과정이다. 거친 반항과 모순된 태도조차 미완성의 존재가 성숙으로 향하는 징후다. 그러니 묵묵히 받아들여야 한다.

앞서가려는 마음이 들 때마다 아이를 반 걸음 앞세워라. 스스로의 속도로 걸을 때 배움은 오래 간다. 성숙을 재촉하는 손길은 불을 키우는 바람처럼 걱정을 부추긴다. 성장은 계절을 따른다. 계절을 거스르지 말라.

이 인내 속에서 아이는 자기 안을 성찰하고, 내면의 목소리를 듣는 법을 배운다. 교육의 역할은 방향을 강제로 정해주는 것이 아니라, 아이가 스스로 길을 찾도록 곁에서 지켜보는 일이다. 바로 이것이 사춘기 교육의 진정한 전환점이다.

상상력과 이성은
균형 있게 길러야 한다

✣ 상상력은 두려움도 키우고 열정도 키운다

사춘기와 함께 상상력은 급격히 힘을 얻는다. 아이는 아직 경험하지 못한 것조차 생생히 그려내며, 현실보다 강렬하게 느낀다. 보이지 않는 세계를 눈앞에 펼쳐놓고, 아직 오지 않은 미래를 앞당겨 체험한다. 이 상상력은 아름다운 열정의 원천이지만, 동시에 근거 없는 두려움과 불안을 키운다. 작은 자극에도 과도하게 반응하다보니, 밤의 그림자는 괴물로 변하고, 한마디 말은 재앙의 예고로 변한다.

이 불씨는 억누를 수도, 방임할 수도 없다. 억압하면 내면 깊은 곳에서 폭발하고, 방치하면 혼란으로 번진다. 자극을 과도하게 주면 상상력은 망가지고, 지나치게 억누르면 파괴적인 힘이 된다. 교육자는 아이가 스스로 감정을 다스릴 기회를 주되, 필요할 때는 조심스럽게 방향을 틀어주어야 한다.

상상력은 위험하지만 동시에 가장 창조적인 힘이다. 인류의 위대한 예술과 발명이 모두 상상력에서 비롯되었다. 아이의 환상은 허황되어 보일 수 있으나, 그 속에는 현실을 넘어서는 가능성이 숨어 있다. 교육자는 상상력을 억제할 대상이 아니라, 건전한 열정과 이상으로 길러야 할 자원으로 삼아야 한다.

상상력은 빈자리에 자라난다. 불필요한 소문, 과장된 이야기, 자극적인 오락은 마음의 빈틈을 어지럽힌다. 그 자리를 관찰로 채워라. 매일 같은 길에서 변화를 기록하게 하라. 해의 길이, 그늘의 자리, 물의 흐름 등 관찰은 손과 눈을 함께 쓰게 해야 한다. 만져보고, 재어보고, 그려보게 하라. 손끝의 경험은 상상력을 흩뜨리지 않고 모아준다.

✣ 이성을 감각 경험 위에 세워야 한다

사춘기의 이성은 아직 충분히 자라지 못했다. 폭발적인 상상력이 앞서 달리면, 이성은 그 뒤를 쫓기에 바쁘다. 이때 억지로 이성을 끌어올리려 하면 반발심만 커진다. 아이는 공허한 교리를 거부하고, 추상적인 말에 귀를 닫는다.

필요한 것은 단순한 사실을 제시하는 일이다. 직접 확인할 수 있는 현상을 관찰하고, 그 사실을 바탕으로 사고를 연결하도록 이끌어야 한다. 아이가 본 것, 만진 것, 경험한 것을 토대로 사고할 때 이성은 공허한 개념이 아니라 단단한 토대 위에 선다. 수학적 진리조차 감각적 경험과 연결될 때 비로소 이해된다. 무게, 거리, 모양을 손으로 다루어 본 경험이 있어야 수와 비례의 개념이 뿌리를 내린다.

지렛대 하나, 도르래 하나로 충분하다. 단순한 도구를 직접 만들며 아이는 무게와 거리, 비례를 배운다. 추상은 경험을 뒤따른다. "이해는 빠르게, 확신은 천천히"라는 순서만 지키면 이성은 결코 흔들리지 않는다.

이성은 반드시 감각 경험 위에 세워져야 한다. 성급한 추론이나 논리로 몰아붙이지 말고, 아이가 사실에서 원인을 찾고 현상에서 법칙을 발견하도록 인도해야 한다. 그렇게 할 때 이성은 현실과 분리된 껍데기가 아니라, 삶과 연결된 힘으로 성장한다.

✺ 상상과 이성은 충돌하지 말고 협력한다

상상력과 이성은 서로의 적이 아니다. 상상력이 창의의 날개라면, 이성은 그 날개가 길을 잃지 않게 지탱하는 축이다. 상상력이 없으면 이성은 메마른 계산으로 남고, 이성이 없으면 상상력은 흩어지는 환상으로 사라진다.

낮에는 사물을 관찰하고, 밤에는 마음을 관찰하라. 낮의 사실은 밤의 상상을 가늠하게 하고, 밤의 불안은 사실 위에서 가라앉는다. 상상력은 부정될 때가 아니라, 바른 기초를 얻을 때 비로소 고요해진다.

사춘기의 교육은 이 둘이 충돌하지 않고 협력하도록 길을 내주는 과정이다. 아이가 꿈꾸되 현실을 잊지 않게 하고, 현실을 배우되 상상력을 잃지 않게 하는 것이 교육자의 과제다.

상상력이 도덕적 감정을 불러일으키고, 이성이 그것을 질서 있게 다스릴 때, 감정과 도덕은 서로를 강화한다. 상상력과 이성이 균형을 이루는 순간, 아이는 현실과 이상을 함께 품는 자유로운 인간으로 성장한다.

감정을 다루는 법을
배워야 할 때다

❖ 아이의 감정을 적으로 대하지 마라

사춘기의 아이는 본능처럼 강렬한 감정에 휩싸인다. 분노, 질투, 욕망이 예기치 않게 솟구치고, 아직 미성숙한 이성은 쉽게 흔들린다. 그러나 이런 격정은 단순히 억누른다고 해서 사라지는 게 아니다. 억압은 위선을 낳고, 방임은 방탕을 부른다. 감정의 힘을 인정하고, 그것을 바른 방향으로 흘려보내야 한다.

교육자의 과제는 감정을 적으로 대하지 않는 것이다. 격정이 올라오는 순간을 지켜보고, 아이가 스스로 성찰하도록 돕는 과정에서 감정은 위험이 아니라 성장의 자산이 된다. 아이는 격정을 겪으며 자신이 어떤 존재인지, 무엇을 욕망하고 무엇을 두려워하는지 배운다. 이때 중요한 것은 이 과정을 서두르지 않고 정직하게 마주하도록 돕는 일이다.

격정은 순간의 폭발로 끝나기도 하지만, 동시에 인간을 고양시키는 힘이 된다. 따라서 억누르지도 말고 방임하지도 말고, 인내와 신뢰 속에서 도덕의 기초로 이끌어야 한다. 교육자는 법관이나 감시자가 아니라 동반자가 되어야 한다.

격정은 금지로 막히지 않는다. 길을 내주되, 출구를 보여주어라. 분노에는 침묵의 시간을, 질투에는 만남의 거리를, 욕망에는 노동의 피로를 주어라. 몸이 가라앉을 때 마음은 제자리를 찾는다. 감정이 일어날 때 이유를 묻지 말고 시간을 주어라. 시간이 흐르면 감정이 스스로 말한다. 그때가 교육의 문이 열리는 순간이다.

✣ 사랑은 시험대이자 정화의 훈련이 된다

사춘기의 감정 가운데 가장 도드라지는 것은 사랑이다. 사랑은 타인을 향한 관심과 책임을 처음 일깨워주지만 동시에 가장 큰 혼란을 불러온다. 사랑에 사로잡힌 청년은 자신을 통제하지 못해 극단으로 치닫기도 한다. 기쁨과 환희는 곧 불안과 질투로 바뀌고, 열정은 곧 좌절과 방황으로 변한다.

사랑을 경험한 청년에게 도덕적 설교는 공허하다. 필요한 것은 사랑이 주는 기쁨과 고통을 함께 바라보는 일이다. 사랑은 자기 파괴적 욕망으로 흐를 수도 있고, 타인을 존중하고 책임지는 힘으로 발전할 수도 있다. 그것을 어느 쪽으로 이끌지는 교육자의 태도와 아이 자신의 성찰에 달려 있다.

강렬한 감정은 청년을 단숨에 흔들지만, 동시에 성숙하게 만든다. 타인을 위해 자신을 내어주는 경험은 책임과 헌신의 가치를 깨닫게 하고, 개인적 감정을 넘어 사회적 삶의 기초를 닦는다. 사랑은 단순한 유희가 아니라, 인격을 시험하는 가장 혹독한 학교다. 그곳에서 아이는 욕망과 절제, 기쁨과 고통, 이기심과 헌신을 동시에 배운다. 사랑은 약속을 요구한다. 약속은 감정으로가 아니라 행동으로 증명되어야 한다. 작은 지연과 짧은 이별, 절제된 만남은 사랑을 파괴하지 않고 오히려 정화한다. 기쁨은 기다림을 통과할 때 비로소 고요해진다.

✤ 연민은 넓히고, 자존심은 경계한다

사춘기의 감정은 단지 욕망의 격정에 머물지 않는다. 같은 감정이라도 방향에 따라 전혀 다른 결과를 낳는다. 자기애는 본능적인 자기 보존에서 비롯되며, 타인의 고통을 볼 때 연민으로 확장된다. 연민은 도덕의 맹아로서, 자신과 같은 인간을 불쌍히 여기고 돕게 만든다.

그러나 자기애가 사회적 비교와 결합하면 곧 자존심으로 변질된다. 자존심은 남보다 더 높아지고자 하는 욕망이며, 연민을 시샘으로 바꾸고, 공동선을 경쟁의 무대로 만든다. 같은 감정이라도 어떤 길을 택하느냐에 따라 덕이 되기도 하고, 악덕이 되기도 한다.

자기애는 자신을 지키는 본능이고, 자존심은 타인을 누르려는 비교다. 전자는 연민으로 넓어지고, 후자는 시샘으로 굳어진다. 같은 칭찬도 어디에 닿는지 살펴라. 선행을 자랑하게 두지 말고, 도움을 받은 이의 안정을 보게 하라. 마음은 거기에서 보답을 배운다.

자기애는 순수한 본능으로 우리를 지켜주지만, 자존심은 타인과의 비교 속에서 끊임없이 우리를 불행하게 만든다. 연민은 우리를 타인과 연결하지만, 자존심은 우리를 고립시킨다. 따라서 교육은 자기애가 연민으로 확장되도록 돕고, 자존심이 불러오는 독을 경계하도록 이끌어야 한다.

❖ 감정 위에 도덕이 세워진다

도덕은 추상적 명령이 아니다. 감정을 거치지 않은 도덕은 공허하다. 아이는 사랑과 질투, 분노 같은 격정을 경험하면서 도덕적 깨달음에 이른다. 감정은 혼란의 원인이지만 동시에 도덕의 기초가 된다.

   사춘기의 교육은 이성의 훈련만으로는 충분하지 않다. 감정을 인정하고 조율하는 과정이 함께해야 한다. 감정의 불길을 통과한 이성만이 단단해지고, 그 위에 세워진 도덕만이 억압이 아니라 자발적 신념으로 자리 잡는다.

   감정을 단순히 제어해야 할 방해물로 보면, 아이는 도덕을 강요된 굴레로 느낀다. 그러나 감정이 경험과 성찰을 거쳐 도덕의 뿌리가 될 수 있음을 깨달을 때, 도덕은 삶의 일부가 된다. 그것은 외부의 규율이 아니라, 스스로 체험한 감정 위에 세워진 내적 질서다.

정의와 자유는
사회 속에서 배운다

✣ 정의는 놀이와 교류 속에서 배운다

아이는 자연 속에서 자라지만 곧 사회와 관계를 맺는다. 이때 처음으로 도덕적 감각으로서 정의를 경험한다. 정의란 단순한 규칙이나 법률이 아니라, 타인과의 관계 속에서 공정함을 체험하는 것이다.

아이들은 놀이와 교류 속에서 정의의 감각을 익힌다. 누군가 약속을 어기거나, 나누지 않고 독점할 때 아이는 강렬히 반발한다. 불공정한 대우를 받으면 본능적으로 저항하며, 타인에게 부당한 일이 닥쳐도 분노를 느낀다. 이러한 자발적 반응이 정의의 씨앗이다.

그러나 많은 어른들은 정의와 권위를 혼동한다. 아이가 부모의 지시에 따를 때 그것을 정의라 착각한다. 하지만 권위는 힘의 차이에서 나오고, 정의는 관계의 균형에서 나온다. 강제된 복종은 정의가 아니다. 정의는 상호 존중 속에서만 자란다.

진정한 정의는 아이 스스로의 경험에서만 싹튼다. 직접 부당함을 겪고, 공정함을 체험할 때 정의는 단순한 관념이 아니라 살아 있는 원리가 된다.

놀이의 규칙을 아이들 스스로 정하게 하라. 다툼이 생기면 규칙을 고치게 하라. 합의에서 나온 규칙임을 알면 복종은 굴복이 아니라 약속의 이행이 된다. 약속을 지키는 즐거움을 맛본 마음은 법을 두려워하지 않는다. 잘못이 생기면 벌보다 회복을 먼저 가르쳐라. 빼앗은 것을 돌려주고, 어지른 것을 치우는 일! 정의는 응보보다 복구에서 더 분명해진다.

✤ 자유는 규칙과 함께 자란다

자연 속에서 자란 아이에게 자유란 태어나면서부터 누린 권리였다. 그는 숲과 들판에서 제약 없이 움직이며 자유를 맛보았다. 그러나 사회로 들어오면 자유는 더 이상 무제한이 아니다. 타인과 함께 살아가려면 내 자유가 타인의 자유를 침해하지 않도록 조율해야 한다.

바로 이 지점에서 규칙이 필요하다. 규칙은 자유를 억압하기 위해 존재하는 것이 아니다. 오히려 규칙은 자유를 보장하는 장치가 된다. 놀이에서 규칙이 없다면 금세 다툼이 생기고, 자유는 혼란으로 변한다. 규칙이 있을 때 비로소 모두가 함께 자유를 누릴 수 있다.

그러나 규칙이 외부에서 강제로 부과되면 그것은 억압이 된다. 반대로 아이가 스스로 동의하고 합의한 규칙은 강제가 아니라 약속이다. 자율적으로 받아들인 규칙은 자유를 제한하는 족쇄가 아니라, 자유를 지켜내는 울타리가 된다.

자유는 금지 목록이 아니라, 타인의 자유를 존중하며 그려진 선이다. 그 선을 함께 긋게 하라. 선을 넘어 불편을 겪을 때, 규칙은 외부의 채찍이 아니라 스스로 세운 표지가 된다.

따라서 교육자는 아이가 규칙을 단순히 따르도록 강요하지 말고, 아이 스스로가 동의하고 체험하며 규칙의 필요성을 깨닫게 해야 한다. 그럴 때 자유와 규칙은 대립하지 않고, 서로를 완성하게 된다.

❇ 사회적 관계 속에서 배우는 정의

사회적 삶 속에서 아이는 점차 '타인의 권리를 존중해야 한다'는 사실을 깨닫는다. 자유롭게 행동하면서도 타인과 부딪히며 갈등을 겪는 과정에서, 자기 자유의 한계를 배운다.

정의는 바로 이 갈등 속에서 분명해진다. 타인의 권리를 무시하면 곧 자신의 자유도 위태로워진다는 사실을 몸소 경험하기 때문이다. 아이는 놀이와 우정, 작은 사회적 교류 속에서 이 원리를 익히게 된다.

'작은 모임, 작은 역할, 작은 선출', 아이들의 사회를 만들라. 돌아가며 맡는 책임은 권위를 나누고, 결정에 따르는 습관은 공동의 의지를 가르친다. 정의와 자유는 이러한 경험을 통해서 처음 뿌리 내리게 된다.

이러한 체험은 정의를 추상적 명령이 아니라 삶 속에서 길러진 습관으로 바꾼다. 불공정에 분노하고, 공정을 지향하는 감각이 반복될 때, 정의는 아이의 마음에 굳게 자리 잡는다.

결국 정의와 자유는 따로 떨어진 덕목이 아니다. 사회 속에서 서로의 권리를 존중하며 함께 살아가는 과정에서만 함께 자란다. 정의 없는 자유는 방종이고, 자유 없는 정의는 억압이다. 두 덕목은 사회적 삶 속에서 동시에 길러지며, 인간을 공동체적 존재로 완성한다.

자연은 우리에게 자유의 본능을 주었지만, 사회는 그 자유가 무너지지 않도록 정의라는 기초를 마련한다. 개인은 자유 속에서 자기 자신을 지키고, 정의 속에서 타인과 더불어 살아간다. 두 덕목이 나란히 설 때, 인간은 비로소 사회적 삶의 주체로 선다.

신앙과 양심은
내면의 목소리로 자라난다

❋ 신앙은 강요보다 자유에서 싹튼다

아이를 도덕적으로 준비시키는 과정에서 신앙은 중요한 자리를 차지한다. 그러나 신앙은 지식처럼 주입될 수 있는 것이 아니다. 억지로 심어진 신앙은 외적인 껍데기에 불과해 삶의 풍파 앞에서 쉽게 무너진다. 강요된 신앙은 아이를 위선자로 만들거나, 맹목적 신념에 빠뜨릴 위험이 있다.

아이가 아직 성찰할 힘을 갖추지 못한 상태에서 교리를 주입하는 것은 거센 바람이 불고 있는데 모래성을 쌓는 일과 같다. 신앙은 외부의 명령이 아니라 내적 확신이어야 한다. 서두르는 교육은 오히려 아이를 신앙으로부터 멀어지게 한다.

신앙은 경험과 성찰을 통해 자연스럽게 자리 잡는다. 교육자의 역할은 종교적 명령을 강요하는 것이 아니라, 아이가 질문을 던지고 의문을 품을 수 있는 환경을 마련해주는 일이다. 의심과 탐구는 신앙의 적이 아니라, 그 싹이 트는 토양이다.

억지로 주어진 신앙은 부담이 되지만, 스스로 느끼고 고뇌하며 얻은 신앙은 내적 힘이 된다. 청소년에게 필요한 것은 신앙의 명령이 아니라, 신앙을 찾을 자유다. 진정한 신앙은 외부에서 주어지는 것이 아니라, 자기 안에서 일어나는 자발적 확신이다.

❖ 양심의 자율성과 교육자의 역할

양심은 외부에서 불어넣을 수 있는 것이 아니라, 아이 안에서 자라나는 내적 목소리다. 처음에는 미약하고 불분명하지만, 시간이 흐르며 힘을 얻는다. 교육자는 이 목소리를 대신 말하는 사람이 아니라, 아이가 자기 안의 소리를 더 뚜렷이 들을 수 있도록 돕는 안내자가 되어야 한다.

양심을 "이렇게 하라"고 교육자가 주입하는 것은 모순이다. 아이가 스스로 선택하고, 그 결과를 경험하며, 후회와 깨달음을 겪어야 한다. 때로는 잘못된 선택이 가장 깊은 교사가 된다. 이러한 과정을 통해 양심은 점차 힘을 얻고 분명한 기준으로 자리 잡는다.

양심은 타인의 명령으로 형성되는 것이 아니라, 자기 안의 판단 속에서 길러진다. 교육자는 그 판단의 기회를 빼앗지 말아야 한다. 아이가 자기 행동의 결과를 온전히 마주할 때, 양심은 스스로 단단해진다.

따라서 교육자의 역할은 아이의 내면에 있는 목소리를 대신하는 것이 아니라, 그 목소리가 흐려지지 않도록 돕는 것이다. 아이가 자신을 속이지 않고 정직하게 바라보도록 이끌 때, 양심은 자율적이고 굳건한 힘으로 자란다.

❖ 도덕 위에서 자라나야 살아 있는 신앙이다

종교적 교리는 흔히 도덕과 연결되지만, 그 관계는 단순하지 않다. 도덕 없는 종교는 맹목이고, 종교 없는 도덕은 공허하다. 그러나 종교가 도덕 위에 군림해서는 안 된다. 아이는 도덕적 경험을 통해 스스로 신앙의 필요성을 느낄 수 있어야 한다.

진실하게 살고, 타인을 존중하며, 양심의 목소리에 귀 기울일 때, 아이는 언젠가 더 큰 세계와의 연결을 느낀다. 이것이야말로 살아 있는 신앙이다. 신앙은 억압이 아니라 해방이며, 강제된 굴레가 아니라 자유를 지탱하는 내적 힘이다.

　따라서 교육자는 종교적 교리를 서둘러 주입하기보다, 정의와 우정 같은 도덕적 경험을 풍성하게 해야 한다. 아이는 그 체험 속에서 도덕의 가치를 배우고, 거기에서 자연스럽게 신앙의 필요성을 깨닫는다. 신앙은 도덕적 체험을 바탕으로 할 때 비로소 제자리를 얻는다.

　종교는 강압적인 교리가 아니라, 내적 확신으로 다가와야 한다. 그럴 때 신앙은 삶을 억누르는 굴레가 아니라, 자유롭게 살아가게 하는 내적 힘이 된다. 종교와 도덕이 서로를 지지할 때, 아이는 외적 권위가 아닌 자기 내면의 목소리에 따라 살아가는 성숙한 인간으로 자라난다.

사랑과 우정은
성숙의 학교가 된다

❖ 우정은 도덕 감정의 첫 번째 학교다

사춘기에 들어선 아이는 또래와의 관계 속에서 중요한 배움을 얻는다. 이전까지 혼자서도 만족하던 아이가 이제는 친구와 함께할 때 더 큰 기쁨을 느낀다. 우정은 단순한 유희가 아니라, 도덕적 감정을 기르는 첫 번째 학교다.

친구와의 사소한 다툼과 화해 속에서 아이는 신뢰와 배려, 충성 같은 가치를 배운다. 작은 오해에는 분노하고, 잘못을 인정하면 화해가 찾아온다. 그 과정에서 인간관계의 연약함과 동시에 그 속에 담긴 힘을 경험한다.

우정은 타인을 자기만큼 소중히 여기는 법을 가르친다. 친구를 위해 희생하고, 배신당해 슬퍼하며, 다시 신뢰를 쌓는 과정을 거치면서 아이는 사회적 감정을 체득한다. 우정은 자기 중심적인 감정을 넘어, 타인과 함께 살아가는 법을 배우게 하는 첫 훈련장이다.

비밀을 맡기는 일은 신중해야 한다. 가벼운 농담 하나로도 신뢰는 무너지고, 한 번 잃은 신뢰는 오랜 시간에 걸쳐서만 회복된다. 이 느린 회복의 시간 속에서 아이는 우정의 무게를 배운다.

우정은 단순한 닮음만으로 유지되지 않는다. 서로의 다름을 견디며, 다름 속에서 공통의 선을 찾는 훈련이 필요하다. 바로 이 연습이 사회적 감정의 출발점이 된다.

❖ 사랑은 가장 강렬한 시험대다

우정이 성숙해질 무렵, 감정은 자연스럽게 사랑으로 옮겨간다. 사랑은 인간에게 가장 강력한 결합의 힘이지만, 동시에 가장 불안정한 힘이다. 그것은 청년을 단숨에 끌어올리기도 하고, 깊은 낭떠러지로 떨어뜨리기도 한다.

사랑을 경험한 청년은 자신의 감정을 제어하지 못해 극단으로 치닫는다. 기쁨은 한순간 절정에 이르지만, 곧 질투와 불안으로 바뀐다. 사랑은 청년을 시험대에 세우며, 그 과정에서 그는 자신이 어떤 존재인지를 절실히 깨닫는다.

교육자는 이 사랑을 억압하기보다 바른 길로 이끌어야 한다. 사랑을 죄악시하거나 방임하지 않고, 기쁨과 고통의 양면을 정직하게 보여주어야 한다. 사랑은 자기 파괴적 욕망으로 흐를 수도 있고, 타인을 존중하고 책임지는 힘으로 발전할 수도 있다. 어느 쪽으로 가느냐는 교육자의 태도와 청년 자신의 성찰에 달려 있다.

사랑의 말은 많을수록 가볍다. 약속은 적게, 지킴은 확실하게. 선물은 값이 아니라 의미로, 만남은 우연이 아니라 약속으로. 절제된 표현은 감정을 억누르지 않고 오히려 깊게 만든다.

질투는 소유욕에서 자라고, 자존감은 절제에서 자란다. 참된 사랑은 상대의 자유를 억압하지 않는다. 상대의 선을 기뻐하고 그 자유를 존중할 때, 사랑은 붙잡는 힘이 아니라 지키는 힘이 된다.

강렬한 감정은 청년을 흔들지만, 동시에 성숙하게 만들기도 한다. 타인을 위해 자신을 내어주는 경험은 책임과 헌신의 가치를 깨닫게 하고, 개인적 감정을 넘어 사회적 삶의 토대를 마련한다. 사랑은 단순한 열정이 아니라, 성숙한 인간을 길러내는 가장 혹독한 학교다.

에밀은 이제 사춘기를 지나 청년이 되었다. 그는 격정의 파도 속에서 길을 잃지 않고, 상상력의 날개와 이성의 균형추를 함께 지니며, 우정과 사랑 속에서 책임과 헌신을 배운다. 곧 결혼과 가정을 통해 사회로 들어서며, 자유롭고 성숙한 인간, 곧 자연이 의도한 참된 인간으로 완성되어간다.

5장

지혜와 결혼의 시기
_ 청년기의 완성(20~25세)

○

○

○

루소는 이 장에서 청년기의 완성기를 다룬다. 그는 청년이 신체적·정신적으로 가장 무르익는 시기에 이르렀다고 보았다. 이제까지의 교육이 개인의 자율성과 도덕적 기초를 세우는 과정이었다면, 이 시점은 사회적 삶과 타인과의 결합을 통해 인간으로서의 성숙을 완성하는 단계다. 루소는 특히 이 시기에 사랑과 결혼을 중요한 관문으로 제시하며, 청년이 어떻게 진정한 지혜를 얻고 사회적 존재로 자리 잡는지를 설명한다.

오늘날 독자에게 이 장은 단순히 조혼 풍습이 일반적이던 18세기의 관점을 넘어, 청년이 삶의 기반을 다지고 성숙한 관계를 형성하는 과정으로 읽힌다. 루소의 논의는 지금의 결혼 연령과는 다르지만 '사랑, 책임, 사회적 헌신'이 청년기의 완성을 이끄는 힘이라는 점은 여전히 유효하다. 이 장은 결국 인간이 독립된 존재에서 공동체적 존재로 나아가는 전환점을 다루며, 청년이 '자기 자신'에서 '타인과 더불어 사는 존재'로 성숙하는 길을 탐색한다.

청춘의 끝자락에서
사랑은 찬란하게 온다

❈ 청춘의 절정은 지금 여기에서

만약 인생을 향유할 수 있는 시기가 있다면, 그것은 틀림없이 청춘의 끝자락이다. 이때는 신체와 정신의 능력이 가장 왕성하고, 인생의 여정을 한창 달리는 사람이 그 여정의 양 끝을 더 멀리 내다보며 삶의 짧음을 더욱 절실히 느낀다.

경솔한 젊음의 잘못은 향유하려는 욕망 자체가 아니라, 향유가 없는 곳에서 그것을 찾으려 한다는 점이다. 더 큰 문제는 비참한 미래를 스스로 준비하면서도 정작 현재조차 제대로 누리지 못한다는 데 있다. 나의 에밀을 보라. 그는 이제 스무 살이 넘었고, 정신과 육체가 모두 훌륭하게 성장했다. 강인하고, 건강하며, 활기

차고, 손재주와 체력이 뛰어나다. 분별 있고 이성적이며, 친절하고 인간적이다. 또한 도덕적이고, 좋은 취향을 지녔으며, 아름다움을 사랑하고 선을 행한다.

에밀은 잔인한 열정의 지배를 받지 않으며, 세상의 여론이라는 굴레에서 벗어나 있지만, 지혜의 법에는 복종하고 우정의 목소리에 귀 기울인다. 그는 모든 유용한 재능과 유쾌한 재능을 지니고 있으며, 부에 연연하지 않고 자신의 두 팔로 삶의 자원을 찾아낸다. 어떤 일이 닥쳐도 굶주림을 두려워하지 않는다.

✤ 첫사랑이 열어주는 달콤한 세계

이제 에밀은 막 싹트기 시작한 열정에 도취되어 있다. 그의 마음은 사랑의 첫 불꽃 앞에 활짝 열리고 있다. 그 달콤한 환상들은 에밀에게 새로운 기쁨과 향유의 세계를 열어준다. 그는 사랑스러운 대상을 사랑하고 있으며, 그 대상은 외모뿐 아니라 인격으로 인해 더없이 매력적이다. 에밀은 그 사랑이 되돌아오리라 기대하며, 그것이 마땅하다고 믿는다.

그들의 첫 애정은 두 마음의 공감과 진실된 감정의 어울림에서 비롯되었기에 오래 지속될 것이다. 에밀은 두려움도, 후회도, 죄책

감도 없이, 단지 행복감에 따르는 자연스러운 불안만 지닌 채, 가장 황홀한 기쁨에 이성적으로, 또 믿음을 가지고 자신을 맡긴다.

사랑하는 에밀, 사랑하고 또 사랑받아라. 당장 손에 넣지 않더라도 그 감정을 오래도록 누리길 바란다. 사랑과 순수함을 함께 경험하라. 저 세상의 낙원을 기다리기 전에, 이 세상에서 너만의 천국을 만들어야 한다.

진정한 사랑이 젊은이들의 성향에 어떤 영향을 주는지 우리는 더 이상 알지 못한다. 왜냐하면 그들을 지도하는 어른들조차 사랑을 제대로 알지 못한 채, 젊은이들이 그 감정에서 멀어지도록 만들기 때문이다. 하지만 한 가지는 분명하다. 젊은이는 사랑하지 않으면 방탕해진다. 겉으로는 달리 보일 수도 있다. 수많은 젊은이들이 사랑 없이도 아주 순결하게 살았다고 말할 수 있을 것이다. 그러나 성숙한 사람, 진정한 어른이 나서서 "나는 젊은 시절을 그렇게 지냈다"고 진심으로 말할 수 있는 경우가 있을까?

나는 너의 이 빛나는 시간을 서둘러 끝내지 않을 것이다. 오히려 그 마법 같은 순간을 최대한 오래 이어주고자 한다. 그래, 결국 이 순간도 머지않아 끝날 것이다. 그러나 최소한 이 시간이 네 기억 속에 오래 남기를 바란다. 그리고 네가 이 행복을 누렸음을 절대 후회하지 않기를 바란다.

✤ 기다림이 주는 행복의 진짜 맛

에밀에게 도대체 무엇이 부족할까? 한 번 찾아보고 상상해보자. 그가 지금 가진 것들과 양립할 수 있으면서, 더 필요한 것이 무엇일까? 에밀은 동시에 누릴 수 있는 모든 축복을 이미 지니고 있다. 어느 것도 다른 것을 희생하지 않고는 더할 수 없다.

　에밀은 인간이 누릴 수 있는 만큼 충분히 행복하다. 내가 정말 이 행복한 순간을 일부러 짧게 만들 수 있을까? 이렇게 순수한 기쁨을 굳이 끼어들어 방해해야 할까?

　아, 삶의 모든 가치는 지금 그가 누리는 이 행복 속에 있다. 내가 그것을 빼앗는다면, 무엇으로 보상할 수 있을까? 설령 그의 행복을 절정으로 끌어올린다 해도, 오히려 그 매력을 파괴할 것이다. 최고의 행복은, 실제로 누릴 때보다 그것을 기대할 때 백배 더 달콤하다. 기다림의 순간이야말로 진정한 기쁨이다.

청년이 흔들릴 때
교육은 끝까지 붙잡아준다

❋ 이상을 잃을 때 청년은 흔들린다

아, 에밀, 너는 어떻게 되어버린 걸까? 네 안에서 내가 가르쳤던 그 아이를 아직도 알아볼 수 있을까? 너는 지금 얼마나 추락해 있는가! 그렇게도 혹독하게 단련된 청년은 어디로 간 것일까? 계절의 매서운 날씨도 견뎌내고, 가장 힘든 노동에도 몸을 맡기며, 오직 이성의 법칙에만 영혼을 따르게 하던 그 아이는 지금 어디 있는가? 편견과 욕망에 흔들리지 않았고, 진리만을 사랑하며, 이성 외의 어떤 것에도 굴복하지 않던 그 아이는 지금 어디 있는가?

이제는 게으르고 나른한 삶에 젖어 여성들의 손짓에 이끌려 살아가고 있다. 그녀들의 오락이 네 일과가 되었고, 그녀들의 뜻이

네 법이 되었다. 한 어린 소녀가 네 운명을 좌우하고, 너는 그 앞에서 몸을 굽히고 무릎을 꿇고 있다. 그 진중하던 에밀이 이제는 한 아이의 장난감이 되어버렸다.

이것이 인생 무대의 변화다. 나이에 따라 사람을 움직이는 동력은 달라지지만, 인간 자체는 언제나 같다. 열 살에는 과자에 이끌리고, 스무 살에는 연인에게, 서른에는 쾌락에, 마흔에는 야망에, 쉰에는 탐욕에 이끌린다.

과연 언제쯤 지혜만을 좇게 될까? 억지로라도 그 길로 인도받는 자는 복된 사람이다. 어떤 안내자를 통해서든 목적지에 도달할 수 있다면 그것으로 충분하다. 영웅이든 현자이든, 모두 인간의 나약함 앞에 대가를 치렀다. 연약한 손으로 물렛가락을 부수던 사람조차 위대한 인물이 될 수 있다.

✢ 교육의 힘은 습관을 이어주는 데 있다

행복한 교육의 효과가 평생 지속되려면, 유년기에 형성된 좋은 습관들이 청년기에도 이어져야 한다. 제자가 올바른 모습으로 성장했다면, 앞으로도 그 모습 그대로 남도록 해야 한다. 그것이야말로 교육자가 자신의 작품에 더할 수 있는 마지막 완성이다. 바로 이 때문에 교육자는 계속 청년 곁에 머물러야 한다. 사랑하는 법쯤은 교육자가 없어도 저절로 배운다.

교육자들, 특히 아버지들이 흔히 착각하는 것은 '한 방식의 삶이 다른 방식을 배제한다'고 믿는다는 점이다. '어른이 되면 어린 시절의 모든 것을 버려야 한다'고 생각한다. 그러나 정말 그렇다면, 유년기를 아무리 애써 가꿔도 아무 의미가 없다. 어린 시절의 좋은 습관들이 그 시기와 함께 사라져버린다면, 삶의 방식이 달라지는 순간 사고방식도 송두리째 바뀌고 말 것이다.

행복은 가까이에 있지만
청년은 자주 길을 잃는다

❖ 행복을 찾아 헤매다 오히려 행복에서 멀어지다

사랑하는 에밀, 나는 네가 꼭 행복하길 바란다. 모든 감각 있는 존재가 지향하는 끝은 바로 그것이다. 행복은 자연이 우리 마음에 새겨넣은 최초의 욕망이며, 결코 떠나지 않는 유일한 욕망이다.

그런데 행복은 어디에 있을까? 그걸 아는 사람이 있을까? 모두가 그것을 찾지만, 누구도 발견하지 못한다. 사람들은 평생 행복을 좇다가 결국 닿지 못한 채 죽음을 맞는다.

내 어린 친구, 네가 태어났을 때 나는 너를 품에 안고, 감히 그 책임을 짊어지며 최고의 존재를 증인으로 불러 세웠다. 그러나 나는 정말로 무엇을 약속하는지 알고 있었을까? 아니, 나는 단지 너를 행복하게 만든다면 나도 행복해질 거라는 사실, 그 한 가지만 알고 있었다. 그 순간 시작된 이 탐색은 곧 우리 둘 모두를 위한 여정이 되었다.

"우리가 무엇을 해야 할지 모를 때는 아무것도 하지 않는 것이 지혜다." 이 말은 인간에게 가장 필요한 교훈이지만, 실제로 가장 지키기 어려운 것이다. 행복이 어디 있는지도 모른 채 그것을 찾으려 하면, 오히려 행복에서 멀어진다. 길을 잘못 들수록 수많은 위험이 따라오기 때문이다.

그러나 아무나 행동을 멈출 수 있는 것은 아니다. 안락함에 대한 갈망이 우리를 초조하게 만들기 때문이다. 사람들은 차라리 잘못된 길이라도 택해 움직이려 하고, 일단 행복을 알아볼 수 있는 자리를 떠나버리면 다시 돌아가는 길을 잊고 만다.

나는 같은 무지 속에서 같은 잘못을 피하려 했다. 그래서 너를 돌보면서 불필요한 한 걸음도 내딛지 않기로 결심했다. 너 역시 그런 길을 걷지 않기를 바랐다. 나는 자연의 길 위에 머물며, 자연이 행복으로 향하는 길을 보여주기를 기다렸다. 그런데 결국 두 길은 하나였다. 나는 행복을 의식하지 않은 채 이미 그 길을 따라가고 있었던 것이다.

❖ 자연이 보여주는 길 위에서 행복을 만나다

에밀, 나는 네가 나의 증인이자 심판자가 되기를 바란다. 나는 결코 너를 부정하지 않을 것이다. 너의 어린 시절은 결코 이후를 위한 희생이 아니었다.

너는 자연이 준 모든 선물을 온전히 누렸다. 자연이 네게 안겨준 고통 가운데 내가 막을 수 있었던 것은 막았고, 다른 고통에 대비하기 위해 필요한 고통만 겪게 했다. 더 큰 고통을 피하기 위한 경우가 아니라면, 불필요한 고통은 한 번도 겪지 않았다.

너는 증오도 알지 못했고, 예속도 알지 못했다. 자유롭고 만족스럽게 지내며, 정의롭고 선한 마음을 지켰다. 고통과 악은 뗄 수 없는 관계이며, 사람은 불행할 때 비로소 악해진다. 나는 네 어린 시절이 노년까지 따뜻한 기억으로 이어지기를 바란다. 네가 그 시절을 떠올릴 때, 너를 이끌어준 손에 감사하는 마음을 품으리라 믿는다.

네가 이성의 나이에 접어들었을 때 나는 너를 타인의 평가로부터 지켜주었다. 네 마음이 감수성을 갖게 되었을 때 나는 너를 격정의 지배에서 보호했다. 만약 내가 그 내면의 평온함을 네 일생 끝까지 이어줄 수 있었다면, 나의 교육은 완성되었을 것이다. 그

랬다면 너는 인간이 누릴 수 있는 가장 큰 행복 속에 머물렀을 것이다. 그러나 사랑하는 에밀, 내가 아무리 너의 영혼을 강철처럼 단단히 단련했다 해도 모든 상처로부터 지켜낼 수는 없었다. 이제 너는 아직 이겨내는 법을 배우지 못한 새로운 적과 맞서야 한다. 나는 그 적으로부터도 너를 보호할 수 없다. 그 적은 다름 아닌 너 자신이다. 자연과 운명은 너를 자유로운 상태로 남겨두었다.

❖ 욕망을 배우며 욕망의 노예가 된 인간

너는 가난을 견딜 수 있었고, 육체적 고통도 감내할 수 있었다. 그러나 정신의 고통은 너와는 무관한 것이었다. 너는 오직 인간이라는 존재로서의 조건에만 매여 있었지만, 이제는 네가 스스로 만들어낸 수많은 집착에 얽매이게 되었다. 욕망하는 법을 배우면서, 동시에 그 욕망의 노예가 된 것이다.

네 안에서 아무것도 변하지 않아도, 상처 입지 않아도, 존재 그 자체에 아무런 침해가 없어도, 너의 영혼은 고통에 시달릴 수 있다. 병들지 않아도 고통을 겪을 수 있고, 죽지 않아도 죽음을 맛볼 수 있다. 단 하나의 거짓, 단 하나의 착오, 단 하나의 의심만으로도 너는 절망 속으로 내던져질 수 있다.

결혼과 가정은
사회로 나아가는 첫걸음이다

✤ 결혼은 자유를 성숙으로 이끈다

결혼은 단순히 두 사람의 결합이 아니다. 그것은 새로운 사회적 단위를 이루는 과정이며, 책임과 의무를 공유하는 제도적 장치다. 결혼을 통해 개인은 자신만의 세계를 넘어 새로운 관계망을 형성하고, 사회적 성숙의 한 단계에 도달한다.

결혼은 타인과의 헌신을 요구한다. 서로를 배려하고 인내하며 협력하는 과정을 통해, 개인은 더 이상 자기 자신만을 위한 존재가 아니다. 부부가 맺는 약속은 단순한 애정의 맹세가 아니라, 자유로운 인간이 스스로 선택한 공동의 삶에 대한 서약이다.

결혼은 자유의 상실이 아니라 자유의 성숙이다. 맹목적인 충동을 넘어, 스스로 맺은 약속 속에서 책임과 의무를 받아들이는 것이다. 그 약속 속에서 개인은 더 큰 공동체와 연결되고, 도덕적 성숙에 도달한다.

결혼의 가치는 의식에 있지 않고, 의식 뒤의 질서에 있다. 수입과 지출을 함께 세우고, 일과 휴식의 시간을 함께 정하라. 공동의 살림표는 애정보다 오래 약속을 지켜준다. 질서는 사랑을 메마르게 하지 않고, 오히려 사랑을 일상 속에서 지켜준다.

✤ 가정은 가장 작은 사회다

가정은 인간이 처음으로 경험하는 작은 사회다. 그것은 단순한 안락한 보금자리가 아니라, 자유와 책임, 권리와 의무의 균형을 훈련하는 장이다. 부부가 서로 존중하고 협력하는 모습은 자녀에게 가장 강력한 교육이 된다.

가정 안에서 맺어지는 다양한 관계는 사회 속에서 살아가는 법을 미리 익히게 한다. 부모와 자녀의 관계, 부부 간의 관계는 사회적 관계의 축소판이자 예비 연습장이다. 이 작은 공동체 속에서 아이는 협력과 갈등, 화해를 경험하며 사회적 감각을 배운다.

결국 가정은 개인의 울타리를 넘어, 사회로 나아가기 전 가장 기본적인 훈련장이 된다. 여기서 체득한 질서와 책임, 사랑과 헌신은 더 넓은 공동체로 나아가서도 살아 있는 힘이 된다.

가정은 아이에게 가장 오래 남는 교과서다. '다투는 법과 화해하는 법, 요구하는 법과 양보하는 법', 이 모든 장이 가정에서 열린다. 가장 좋은 훈계는 말이 아니라 눈앞에서 이루어지는 상호 존중이다.

✤ 결혼과 가정은 사회로 나아가는 관문이다

이웃과의 약속을 지키고, 작은 도움을 주고받는 일에서 가정은 사회로 열린다. 문턱을 낮춘 집은 아이에게 공동체의 문턱을 낮춰준다. 가정의 평화는 곧 사회의 평화로 번지는 길을 보여준다.

결혼과 가정은 개인의 성장을 넘어 사회로 나아가는 관문이다. 우정과 사랑을 통해 타인을 배우고, 결혼을 통해 헌신을 체득하며, 가정을 통해 사회적 삶을 연습한다.

이 과정을 거쳐 인간은 비로소 온전한 성인으로 완성된다. 결혼과 가정은 단순한 제도가 아니라, 자유로운 인간이 책임을 배우고 공동체 속에서 성숙해지는 첫걸음이다.

조국과 함께할 때
청년은 완성되어간다

❖ 조국은 청년이 덕을 실천할 무대가 된다

아, 에밀! 자기 조국에 아무런 빚도 지지 않은 선량한 인간이 과연 있을 수 있을까? 어떤 나라에서 태어났든 인간에게 가장 소중한 두 가지, 즉 '행동이 도덕적 가치를 부여받는 것'과 '미덕을 사랑하게 된 것'은 모두 그 나라에 빚지고 있는 것이다.

깊은 숲 속에서 태어났다면, 그는 지금보다 더 자유롭고 더 행복하게 살았을지도 모른다. 그러나 자기 성향을 따르기 위해 싸울 일이 없었다면, 그는 노력 없이 착한 사람일 수는 있었겠지만 덕 있는 사람은 되지 못했을 것이다. 이제 그는 욕망에도 불구하고 덕을 실천할 줄 안다. 질서의 단지 겉모습만으로도 그것을 인식하고 사랑하게 된다.

다른 이들에게는 단지 명분일 뿐인 '공익'이라는 개념도, 그에게는 진짜 동기가 된다. 그는 자신과 싸우는 법, 자신을 이기는 법, 그리고 자신의 이익을 공동의 이익에 희생하는 법을 배운다. "법이 그에게 아무 유익도 주지 못한다"고 말하는 것은 옳지 않다. 법은 불의한 자들 사이에서도 정의를 실천할 용기를 주었기 때문이다.

"자유롭지 않다"고 말하는 것도 옳지 않다. 법은 그가 스스로를 다스릴 줄 알게 해주었다.

그러니 이렇게 말해서는 안 된다. "내가 어디에 있든 무슨 상관인가?" 중요한 것은 네가 모든 의무를 다할 수 있는 곳에 있어야 한다는 것이다. 그리고 그 의무 중 하나는 네가 태어난 조국에 대한 애착이다.

❖ 조국과 함께 살아가는 삶의 의무

네 동포들은 네가 어릴 때 너를 지켜주었다. 이제 네가 어른이 되었으니, 그들을 사랑해야 한다. 그들 곁에서 살아야 하고, 적어도 그들에게 유익을 줄 수 있는 곳에 머물러야 하며, 그들이 필요할 때 널 찾을 수 있는 자리에 있어야 한다.

어떤 경우에는 조국을 떠남으로써 오히려 더 큰 유익을 줄 수도 있다. 그런 상황이라면 오직 열정과 의무감만을 따라야 하고, 떠남의 고통조차 묵묵히 감당해야 한다. 그러한 이별 또한 하나의 의무이기 때문이다.

하지만 너, 착한 에밀은 그런 고통스러운 희생을 강요받지 않는다. 사람들에게 진실을 외치는 고된 사명을 떠맡지도 않았다. 그러니 그들 가운데에서 살아라. 다정한 교류 속에서 우정을 가꾸고, 그들의 은인이 되며, 그들의 본보기가 되기를 바란다. 네가 보여주는 모범은 책보다 더 큰 힘이 될 것이다. 네가 실천하는 선을 직접 보는 것은 우리가 늘어놓는 공허한 말보다 더 깊이 그들의 마음을 움직일 것이다.

(에필로그)

에밀식 교육의 결실은,
덕 있는 자유인의 탄생이다

    내 아이야, 용기 없이는 행복도 없고, 싸움 없이는 덕도 없다. '덕'이라는 말은 본래 '힘'에서 왔다. 힘은 모든 덕의 바탕이다. 덕은 본성상 약하지만, 의지를 통해 강해진 사람에게만 속한다. 정의로운 인간이 가질 수 있는 진정한 가치도 여기에 있다.
    우리는 신을 '선하다'고 부르지만 '덕이 있다'고는 하지 않는다. 신은 선을 행하는 데 노력이 필요 없기 때문이다. 이 오용된 단어를 설명하기 위해 나는 네가 이해할 때까지 기다렸다. 덕을 실천하는 데 대가가 들지 않는 동안에는, 덕이 무엇인지 알 필요도 없다. 그러나 열정과 욕망이 깨어날 때, 비로소 덕이 필요해진다. 그리고 지금이 바로 그 시점이다.

　나는 너를 자연의 순수함 속에서 키우며, 고된 의무를 설교하기보다 그 의무를 고되게 만드는 악덕으로부터 너를 지켜주었다. 거짓말이 얼마나 혐오스러운지를 말하기보다 거짓말이 필요 없게 만들었다. 남의 것을 돌려주는 법을 가르치기보다, 네 것만 소중히 여기게 했다. 나는 너를 '덕 있는 사람'으로 만들기보다 '착한 사람'으로 만들고자 했다. 그러나 착하기만 한 사람은, 그 착함이 주는 기쁨 속에서만 그 상태를 유지한다. 욕망과 감정이 충돌할 때 그 착함은 쉽게 무너진다. 착하기만 한 사람은 결국 자기 자신에게만 착할 뿐이다.

　그렇다면 '덕 있는 사람'은 누구인가? 바로 자기 감정을 이겨낼 줄 아는 사람이다. 그는 이성과 양심을 따르며, 의무를 다하고, 질서 속에 머무르며, 그 어떤 유혹도 그를 그 길에서 벗어나게 하지 못한다.

　지금까지 너는 겉으로만 자유로웠다. 누구도 명령하지 않았기에 자유롭게 느꼈을 뿐, 실상은 언제든 구속될 수 있는 노예 같은 자유였다. 이제는 진짜 자유를 가져야 한다. 스스로를 다스릴 줄 알아야 한다. 에밀, 네 마음을 다스려야 한다. 그리해야 너는 '덕 있는 사람'이 될 수 있다.

사람이 되어야 한다. 네 마음을 네 처지의 한계 안에 머물게 해야 한다. 그 한계를 배우고 이해하라. 아무리 그 한계가 좁다 해도 그 안에 머무는 한 사람은 불행하지 않다. 불행은 그 경계를 넘으려 할 때 시작된다. 가질 수 없는 것을 가능하다고 믿고 터무니없는 욕망을 품는 순간, 인간은 괴로워진다. 인간적 조건을 잊고 상상의 세계에 자신을 투영할 때, 현실로 돌아오며 더욱 고통스러운 추락을 겪는다.

우리가 견디기 힘든 결핍은 대개 자신에게 권리가 있다고 여기는 대상에 관한 것이다. 그러나 도저히 얻을 수 없음을 아는 대상에는 마음이 자연스레 멀어진다. 희망조차 없는 바람은 사람을 괴롭히지 않는다. 거지는 왕이 되고 싶다고 괴로워하지 않는다. 반면 왕은 자신이 더 이상 인간이 아니라고 착각할 때 신이 되려 하고, 그때부터 불행해진다.

오만의 환상은 가장 큰 고통의 근원이다. 그러나 인간의 비참함을 직시하는 사람은 절제를 안다. 그는 자신의 자리를 지키며, 그 자리에서 벗어나기 위해 몸부림치지 않는다. 가질 수 없는 것을 얻으려 헛되이 힘을 낭비하지 않고, 가진 것을 온전히 누리는 데 온 힘을 쏟는다. 그래서 그는 덜 욕망함으로써 더 강하고 더 풍요롭다.

죽고 사라지는 운명을 지닌 내가, 모든 것이 변하고 스쳐 지나가며 내일이면 사라질 이 땅에서 어찌 영원한 인연을 맺으려 하는가? 아, 에밀, 나의 아들아! 너를 잃는다면 나 자신에게 무엇이 남겠는가? 그럼에도 나는 너를 잃는 법을 배워야 한다. 언제 네가 내 곁을 떠날지 알 수 없기 때문이다.

그러니 네가 행복하고 지혜롭게 살고 싶다면, 결코 사라지지 않는 아름다움에 마음을 붙여야 한다. 네 처지가 네 욕망을 제한하게 하고, 네 의무가 네 충동보다 앞서게 하라. 도덕적 삶에도 필연의 법칙을 확장시키고, 잃을 수 있는 것은 잃는 법을 배워야 한다. 덕이 그것을 요구한다면 모든 것을 떠날 줄 알아야 한다. 우연한 일들 위에 스스로를 놓고, 마음이 찢기지 않고도 거기서 벗어나는 법을 익혀야 한다.

역경 속에서도 용기를 지니고, 의무 앞에서 굳건히 서라. 운명을 거슬러도 행복할 수 있고, 욕망을 마주하면서도 지혜로울 수 있다. 그때 너는 덧없는 것들 속에서도 방해받지 않는 참된 기쁨을 누리게 된다. 너는 그것들을 소유하되 지배당하지 않고, 인간이 모든 것을 잃을 수 있는 존재라는 사실 속에서 오히려 '잃을 줄 아는 법'을 통해 진짜 즐거움을 알게 된다.

물론 그때 너는 상상 속 쾌락의 환상을 갖지 못하겠지만, 동시에 그 환상이 낳는 고통도 겪지 않게 된다. 그것은 분명 좋은 거래다. 왜냐하면 그 고통은 자주 찾아오고 실제이지만, 그 쾌락은 드물고 헛되기 때문이다.

이 모든 헛된 믿음을 이겨낸 너는, 삶이 얼마나 소중한가 하는 또 하나의 착각까지도 이겨낼 것이다. 삶을 평온히 보내고, 두려움 없이 끝맺을 것이다. 모든 것에서 벗어나듯, 삶에서도 담담히 벗어날 것이다.

누군가는 공포에 질려 삶의 마지막 순간을 존재의 끝이라 여기겠지만, 삶의 덧없음을 꿰뚫어 본 너는 오히려 그것을 새로운 시작으로 여길 것이다. 죽음은 악한 자에게는 삶의 끝이지만, 의로운 자에게는 삶의 시작이다.